松果体革命

松果体を覚醒させ超人類になる!

∞ishi
ドクタードルフィン
松久 正

ナチュラルスピリット

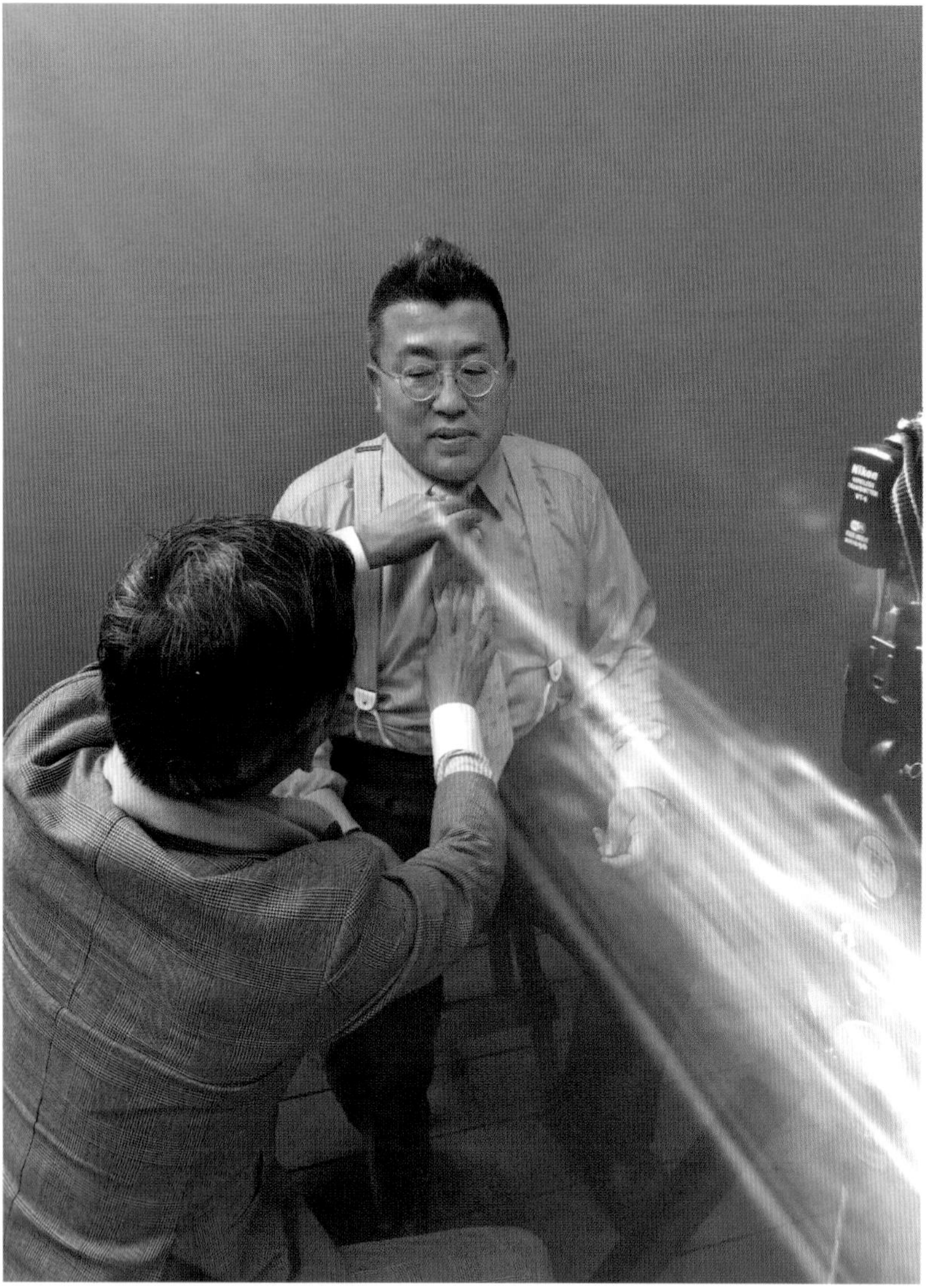

松果体覚醒で珪素（水晶）化し、光を放つドクタードルフィン

デューク更家氏とドクタードルフィン（鎌倉にて）

ドクタードルフィンの
「超次元・超時空間松果体覚醒医学 ∞ IGAKU」により、
松果体ポータル全開で進化する、
ウォーキングドクターのデューク更家氏

推薦文
ウォーキングドクター　デューク更家氏からの黄金エネルギーの魂こもるメッセージ

ドルフィン松久先生の尊書『松果体革命』のゲラ原稿を読ませていただき、そこから学ぶことが本当に多く、読むほどに私の人生のシナリオがどんどん書き換えられ、魂のシナリオが宇宙空間の気づきにより良き方向に再生されている感じがありありとうかがえます。

最初はそれに抵抗している自分自身があり、勉強不足で理解し難いと思われるものも、読み進むにつれ、ますます興味が湧いてくる自分と、あまりにも内容のすごさに、身体がどんどん重くなり、どっと疲れがでて、脳が膨大な情報量を受け入れられず、松果体が膨らんでいく感覚に恐れ、もうだめだ、少し休もうと身体を横にした瞬間、スーっと力が抜け、松果体がソウルインされたように身体が宙に浮いている感じがし、心地よい状態で数分間、眠っていました。

そして目覚めのときの松果体の右半分が宇宙の遠いところから呼び起こされ、ドルフィン松久先生の笑顔とともにエナジーがおりてきました。我に返った私は「ありがとう、お喜び様です。嬉しいです。」と思わずつぶやいていました。そしてまた、原稿を読み進めると今度は松果体がその文の内容にともない、どんどん活性化され、自分の魂が喜んでいるのがわかりました。気がつくと先生の大切な原稿に線を引き始めていました。そこには気づきと宇宙の学びがあり、マスキュリンが止まらなく、原稿が真っ黒になってしまいました。すみません！

今までの私の人生の思い込みの潜在意識感がくつがえされ、私の人生のシナリオが素直に書き換えられて行くのがわかり、ドルフィン松久先生の『これでいいのだ』という魂のバイブレーションに呼応する自分がありました。

私の今までのウォーキングドクターとしての迷いが消え、歩くことから宇宙の叡智とつながり、背骨に真中《しんちゅう》を通して揺れながら歩くことにより、松果体を活性化させ、ポータルを開き、高次元のエナジーとつながることを主としたウォーキング宇宙術が尊書『松果体革命』からできると確信しました。やる気がガンガン起こります！ドルフィン松久先生との運命的な出会いに我が魂が大喜びしています。

ドルフィン松久先生自ら私の松果体のポータルを開き、パワーエナジーをいただき、活性させてもらったことが、これからの私のウォーキング人生のより大きな財産となり、宇宙の叡智とつながったウォーキング道に邁進することができます。がんばるぞ！ そして多くの人々のお役に立てることに神謝申し上げます。

尊書『松果体革命』が皆様に愛され、熱々のステーキのごとく美味しく食されることを信じています。うまそう！

ドルフィン松久先生の尊書『松果体革命』に少しでも関わらせていただいたことをデ

ュ ー ク更家の生涯の宝とし、これからも少しでも先生のお役に立てれば光栄の限りです。また、そのようになれるよう、松果体を日々活性化させていく所存です（拝）。

本当にありがとうございます。お喜び様です。本当に嬉しいです。

デ ュ ー ク更家

革命前夜

エピソード1～マツカ篇～

私には、名前がない。ただ、私の存在を知っている者は、こう呼ぶ。

「なやみ喰《ぐら》い」

そう、私の好物は人間の〝悩み〟。

私は、私がいつ生まれたのか、もはや覚えていないのだが、すでに数千年は経過している。

いろいろな人間たちをたくさん見てきたが、この数十年は、悩みの種類が突如として増えてきて、中身も複雑になってきているので、私の口に合わないものさえ出てきている。

困ったものだ。

とはいえ、とにかく悩みを抱えている人間はウヨウヨといるので、食べる物には事欠かない。

しかも、私に出会った人間は、なんともラッキーだと自負している。なにせ、その〝悩み〟がなくなるのだから……。

その上、私は究極のサービスを用意している。悩みを喰う相手にとって、最高に好みの姿で接してやるのだ。

さあ、餌食がやってくる。

女だ。

この女の心を読むとしよう……。

＊　＊　＊　＊　＊

私の名前は、マツカ。

この名前を付けられたときに、私の人生は、すでにおかしい方向へと進み始めた気がする。

　まったくもって、両親のセンスを疑うわ。

　子どもの頃から、この名前で、幾度となく、からかわれた。

「マツカちゃん、なにを待ってるの？　いつも待ってるね、待っても誰も来ないよ。それでも仕方ないから『待つか』って……、あははは」

　みたいな感じでからかわれた。

　両親に聞いても、名前のいわれは釈然としない。母曰く、「どうしてだか、『マツカ』って閃いちゃって、この名前にしなきゃっていう気分になったのよ」ですって。

　お願い！　人の名前を気分で決めないでほしい。

　名前のおかげで、あなたの娘の心はひねくれました。しかも、いつも何かを待ってばかり。その上、いつだって待ち人来らず！

　今だってそう。

　どうして、観光バスにたった一人で乗らなきゃいけないのよ。

　やっとできた彼とのプチ贅沢なツアー、一泊二日、おひとり様あたり5万円。

とりあえず、立て替えと称して、二人分払ったのは、私よ！　すごく楽しみにしていたのに。

ギリギリまで待ったけど、待ち合わせ場所に、彼は来なかった。電話、メール、LINE、メッセンジャー、どれもこれも無反応。

会社は有給とっちゃっているし、当日キャンセルじゃあ、お金は戻ってこないし。しょうがないじゃない。一人でも行くわよ！

憧れの「インフィニティ露天風呂」に入るんだから。

知ってる？

「インフィニティ露天風呂」

お風呂の縁が見えない造りになっていて、海や空や景色とずっと繋がって見えるから、温泉に入っているのに、まるで海に浮いているような錯覚さえ感じる素敵な露天風呂なのよ。

夕暮れどきや、朝日が見られるタイミングで入ろうって約束していたのに。

それにね、久しぶりに会社を休めるのも、すごく嬉しかった。もしも、私に何かの才能があったら、即刻辞めてやるわ、あんな会社。上司も、同僚も、後輩も、今時流行らない、残業大好き人間ばかり。まともに残業代が出ないのに、どうしてあんなに仕事に燃えられるんだか？

私には、さっぱりわからない。

大学とは名ばかりの四流大学を、単位ギリギリで卒業した私が、どうにかこうにか入れた会社だからしがみついているけど、電話応対と、事務処理と、お茶くみが私の仕事。毎日、満員電車で押しつぶされながら、同じことの繰り返し。入社以来、私である必要なんて、どこにもない仕事しかしていない。

間もなく30歳という年齢は、肌や体力の衰えで、すでにもう「若くはない」ということを、容赦なく突きつけてくる。

おまけに、去年の健康診断に引っかかって再検査したら、子宮筋腫ができていた。現状では、手術不要と言われたけれど、妊娠が難しいことを示唆されたおかげで、去年まで付き合っていた子ども好きな彼氏は、あっという間にフェードアウトしていった。

こんな状態から、やっとできた彼氏が、これよ。まさかのドタキャン。踏んだり蹴ったりじゃない！

子どもの頃、学生時代、そして会社員になってからも、記憶のどこをどう探しても、ろくなことはなかった。

そして、名前の呪いは恐ろしい。

私は、本当によく待たされる。友だちとの待ち合わせでも、待つのはいつも私。

「ごめん、10分遅れる」って待ち合わせの時刻にメールが届き、仕方ないからマツカって待つのがいつものパターン。

その上、ひどい場合は、待って待って待ったあげく、最後にドタキャン。多分、今までに30回ではきかないくらいのドタキャンを味わっている。

どうして、私ばかりこんな目に遭わなきゃいけないんだろう？

窓の外を流れる景色をひたすらボーッと眺めていたら、なんだか涙がこぼれ落ちてきた。

「ティッシュ、ティッシュ」と、バッグの中を探っていたら、ふと視線を感じ、反射的にその視線のほうに首が動いてしまった。

やばい、目が合った。

視線の主は、通路を挟んだ向こう側の席に座っている年配の女性。この人も、隣の席が空いている。

でも、なんだか穏やかな感じの女性で、イヤな空気感は不思議なくらい、ない。普通なら、このシチュエーションは、お互いバツが悪いはずなのに……。

なんでだろう？

バスは高原の有料道路に入って行き、景色は一変した。海へ向かうバスのはずなのに、ここまでほとんど海は見えないルートを走ってきている。

そのワケが、この道路に入って少しわかったわ。

見事なほどに尾根伝いに走っているこの道は、天と地の境目を走っているかの如くで、このまま天に向かっていくような錯覚を覚える。

目的地のホテルの目玉の「インフィニティ露天風呂」も同じ。人為的に造られたとはいえ、この世に極楽浄土を出現させたような、絶景の空間。

どちらも、日常とは切り離された、特別な感覚を味わえる。ツアー企画者の意図の素晴らしさを感じずにはいられない。

一日目の今日は、芦ノ湖から眺める富士山をはじめとする眺望を楽しむ日で、テーマは山並みを楽しむ一日。

二日目は、海をテーマに海沿いを東京に向けて帰るらしい。

そうこうするうちに一般道に入り、小さな富士山のような山をぐるっと回り込むようにバスは走る。

大きな本物の富士山と、この小さな富士山は、まるで兄弟のよう。

そして、とうとう海辺へと出てきた。その途端、潮の香りが鼻をくすぐる。

太平洋は大きい。この開放的な景色を見られただけでも、一人でバスに乗り込んだ自分を褒めてあげねばと思った。

あんなバカな男のために、この幸せな時間を無駄にしなくて本当によかった。


宿に到着し、部屋のキーを渡された。

最近、リニューアルをしたという触れ込みどおり、今時の程よい高級感が心をくすぐる。部屋の真ん中に置かれたダブルベッドが、ウキウキする心にチクッとした痛みをもたらすけど、この際それはスルーすることに決めた。

家具も、小物も、窓からの景色も、想像していた以上に私の好みにピッタリしていて、せっかくのこの時間と空間には、中途半端に妥協して付き合いだした男など、むしろいないほうがよかったのだと思うことにした。


本当は、水着着用の男女が一緒に入れる露天風呂に行く予定だった。でも、もはやその必要はないのだからと、女性専用の露天風呂に行くことにした。

これは、すごい。

はじめてテレビで「インフィニティ露天風呂」を見たときに、めちゃくちゃ感動したが、実物は、そんなものではない。

感動すると息ができないなんて、ウソっぱちと思っていたけど、撤回します。

一瞬だけど息をのみ、金縛り状態におちいったもの。

それは、本当に露天風呂の水面と太平洋がひとつながりに溶け合って、この世のものとは思えない圧倒的な美しさ。間もなく日が暮れようとする空気感と相まって、神秘性さえ感じた。

そう、普段は使わない「逢魔が時」という言葉が脳裏をよぎるほど。

こんな時空間なら、「魔」が入り込む余地があるんじゃないかと……。

できることなら、貸し切り状態で一人占めしたいと、心から思った。

もしも、この空間に一人でいたら、お湯の流れる音も消え、時間が止まったような静寂が訪れるような気がした。しかし、あたりまえだけど、先客は何人もいる。

その中には、バスで私の涙を見たご婦人までいた。


「あら、いらしたのね」

やわらかく嫌味がない笑顔で、彼女は私に声をかけてきた。ほんの少しバツの悪さを感じたが、それさえも溶かしてしまう包容力が、その微笑みにはあって、特別美人というわけではないけれど、女性としての素敵さを持っていることが、その存在だけで伝わってくる。

「はい、食事の前に一度入っておこうかと思って……」

「そうよね、この時間の、この景色。見なかったらもったいないわよね」

「ええ、本当に……あの、お一人でいらしてるんですか？　あっ、聞いちゃいけなかったですか？」

「いいえ、大丈夫よ。本当は、お友だちと来るはずだったの。だけど、彼女来られなくなっちゃって」

なぁんだ、この人も私と同じドタキャン組なんだ。そう思った瞬間、女性は言葉を続けた。

「2週間前にね、突然亡くなったのよ」

「ええっ?」

「すごく大切な女友だちだったのよ。子どもの頃にね、母に言われていたの。たった一人でいいから、同性のお友だちを作って大切にしなさいって。それで、20代の頃に仕事で同僚だった彼女と仲良くなって、もう30年。なにがどうってわけじゃないのよ。ただ、彼女と一緒にいると居心地がよくて、歳は5歳も離れていて、環境も経験も違うのに、でも、大好きだった。ほんと、大好きだったの」

今度は、彼女の目から涙がこぼれていた。

「脳梗塞よ。彼女、一人暮らしだったから、どうにか意識を取り戻して自力で救急車を呼んだらしいんだけど、そのときには手遅れだったの……なんだかね、なにもできない自分の無力さと、大切な人がいなくなった事実を受け止めきれなくて、この2週間なにも手につかなかった。でもね、一緒に来るはずだったこの旅行に来ることが、彼女への供養になるような気がしてね……」

ともかく、私は自分が恥ずかしくなった。一瞬でも、自分と同じドタキャンと判定してしまった自分の浅はかさがうらめしい。

はじめて会ったばかりで、お互いのことなどなに一つ知らない、この先会うこともないだろう相手だから、口が滑ったのかもしれない。

今の自分のこと、今日の状況、順繰りにしゃべっている自分がそこにいた。

「私ね、今日のツアー、やっぱり来てよかったわ。きっと、あなたに会うために来たのね。ちょっと似ているのよ、昔の私に」

そんなばかな、どこをどうとったって、この穏やかで素敵な女性と私は似ていない。そう思っている私を尻目に、ご婦人は、言葉を止めることなく続けた。

「生きる目的を見つけられなかった20代の終わり頃に彼女と出会って、お姉さん風を吹かせながら、いろいろなことを教えてくれたわ。彼女がいなければ、私も自分なんて価値がないし、自分ばかり損していて、毎日がイヤなことばかりって思ってたわ」

「信じられないです。だって、今はそんな感じ微塵もないじゃないですか」

「そう？　そんな風に見えるのなら、嬉しいわ。でもね、人って変われるのよ。本当に、一瞬で変わり始めるの」

「一瞬で？　まさか」

「ね、嘘だと思うでしょ。でもね、本当よ。信じた人だけに効く魔法があるの。彼女が教えてくれたのよ。知りたい？」

　狐につままれたような話だけど、うなずくしかなかった。女性は、微笑みながら、右手の人差し指で私の眉間にそっと触れた。

「ここの奥にね、あなたの神様が住んでいるのよ。小さな小さな神様が……。でもね、あなたがその存在を否定すると、もっともっと小さくなって眠ってしまうの。残念ながらあなたの神様は、今はお休み中よ。起こしてあげないかぎり、神様は働いてくれないの」

「どうすると、神様は起きてくれるんですか？」

　ああ、私ったら真面目に質問してる。頭の中の神様なんて、こんなファンタジーに対して、なに言ってんだろ私……。そう思いつつも、この女性が次になにを言うのかには、興味はあった。

「本当に神様が居るものなら、起きて働いてほしいわよね。私もその当時、彼女に噛み付いたわ」

　ああ、読まれている。またも、恥ずかしい……。

「いいのよ、大丈夫。ほとんどの人間は同じ道を通るのよ。でも、知らなければ通ることもできないし、知っていても行動しなければ、ずっと足踏み状態で、同じところをグルグル歩くことになるのよ」

　ひと呼吸おいて、女性はゆっくりと続けた。

「人はね、誰でも、自分で両親も名前も環境も選んで生まれてくるんですって……。ああ、わかるわ、そんなはずないって思うでしょ。まあ、とりあえず最後まで聞いてちょうだい。ともかく、他の誰でもない、自分で選んでいると一旦仮定するとして、じゃあ、何のためにこんな顔、こんな身体、名前、両親、環境を選ぶのかって、疑問がわくでしょ？　誰だって、美人やハンサムな顔やスタイルがいいに決まってるわよね？」

　大きく同意して、首を縦に振った。

「私も、当時そう思って彼女に聞いたの。そうしたら、こう言うのよ、彼女。私たちは一人ずつたくさんの宿題を持っていて、その宿題をやり遂げないかぎり、ランクアップできないのよって」

「ランクアップ？　何のランクなんですか？」

「ね、そう思うわよね、普通。でも、彼女ったら、涼しい顔して続けるの、『魂』のよって」

「タマシイ!?　それって何かの宗教ですか？」

「ほんとそうよね、怪しいでしょ？　だけど、彼女が無宗教者なのはよく知っていたし、ごく一般的な日本人の宗教観の持ち主だったの。それに、何より人としてすごく素敵で、憧れの女性だったから、彼女のものの考え方を知っておきたくて、話の続きを聞いてみたわけ」

なるほど。聴きたくなる心理は、まさに今の私と同じなわけだわ。

「それでね、彼女曰く、この地球には、目には見えないヒエラルキーが存在していて、同じランクの魂を持った人同士しか出会えないし、お付き合いできないのが、宇宙の法則だっていうのよ。ただし、たまにランクが違っていても、ランクアップのお手伝いをしてくれる人との出会いがあって、手を借りながら、『魂』の宿題を片付けて、ランクアップするんだって言ってたわ」

「『宿題』ですか？　一体、その宿題って何なんですか？」

「それはね、たった今、自分の目の前にある、イヤだなって思うこととか、自分にとっては嫌いだったり、苦手だったりすること全般なんですって」

「それじゃあ、大量に宿題があるってことですか？　それを全部片付けなくちゃ、ランクアップできないのなら、それって無理じゃないですか」

「ふふふ、やっぱり同じねぇ。びっくりするくらい同じことを私も彼女にぶつけたわ」

「そうなんですか？」

「そうよ。でも、彼女は教えてくれたわ。全部大丈夫なんだって。そういうイヤなことは全部、自分の『魂』のランクアップに必要で、ぴったりだからこそ、自分で選んだんだって言うの。そして、こうも言ったわ、そのことをほんの少しでも、そうかもしれないって思った瞬間に、神様は目を覚まし始めるんだって」

「まさか、そんな簡単なことで？」

「そう、一見簡単に思えるでしょ？　でもね、ほんの少しとは言っても、『自分が望んで選んだ』っていう、嘘偽りない気持ちがそこには必要なのよ。だから、どんなに頭だけでわかったつもりになって、『自分で選びました』って思ってもダメなのよ。きちんと腑に落ちた状態で、ああ、本当にそうなのかもしれないって感じることがすごく大切なの。そう思えた瞬間に、最初の小さなスイッチが入って、そこから順番に変わり始めるのよ。私の場合も、少しずつだけど人生が確実に動き始めたのよ」

この女性のお話は、このあともしばらく続いた。もちろん、この時点ではファンタジーにしか聞こえなかった。

そう、腑に落ちなかったとしか言えない。ただ、お話としてはとても面白く、朝から昼にかけての不愉快だった気持ちを大きく変えてくれるのには、十分すぎる癒し効果があったから、感謝している。

ちょっと長めのお風呂からあがり、海鮮ざんまいの美味しい夕食を済ませ、部屋に戻った……はずだった。

ドアを開けると、男がいた。

彼ではない。そう、彼はこんなにイケメンじゃない。

「ごめんなさい、部屋、間違えました」と言って、慌ててドアを閉めたけど、カードキーで開いたわけだし、ほら、部屋番号は間違ってない。

恐る恐るドアをもう一度開けてみたら、やはりいる。

超、好みの顔立ちのイケメン。

「あの、お部屋、間違っているのは、あなたのようですよ。ホテルの方を呼びますよ」

「いえいえ、マツカさん、あなたも私も間違ってなどいません。私はあなたのことをお待ちしていたのです」

こいつ、顔もスタイルもイケてるけど、頭のほうはイカレちゃってる？

危ない奴だ、逃げなきゃと思っている間に、壁ドンされて、ドアチェーンをかけられてしまった。

「ご安心ください。私は、あなたに一切の危害は加えません。私にとってあなたはお客様なので、このように、おもてなしをしたいだけなのです」

そう言うと、テーブルの上にいきなりお茶とスイーツがあらわれた。

どうした？　わたし、さっき飲んだワインで酔っ払ったのか？　うん、確かに飲み放題に気をよくして飲みすぎた。

そうか、頭がイっちゃってるのは私のほうか。

なるほど、これは夢だ。ああ、夢に違いない。夢なら大丈夫。ドタキャンされた不幸な女が、酔った挙句に見ている夢だ。私の欲望が、こんなにも好みの男とスイーツを作り上げたというわけだわ。

落ち着けマツカ。

これは夢。夢だとわかれば、大丈夫。むしろ、このシチュエーションは、楽しまなきゃもったいない。

どうせ夢の中だと、ろくに味などわからないだろうけど、この見るからに美味しそうなケーキを食べてみよう。

ああ、夢だけど、今までに食べたケーキのどれよりも、最上級に美味しい味がする。

そして、目の前にどんなアイドルや俳優よりも綺麗な顔をした男が、私を見つめている。

そうね、夢なので、普段の私とは違うことができる。いつもなら、こんな綺麗な顔は、写真や映像でもなきゃ直視できないけど、これは夢だから、私も美人になったつもりで、思いっきり見つめ返してやろう。

なんて幸せなのかしら、夢だけど。

「このスイーツは、ご満足いただけましたか？」

あ、声まで好みだわ。夢って便利ね。

「ええ、本当に美味しいわ。ありがとう」

「それでは、私の願いも聞いていただけますか？」

「ええ、私にできることなら」

ちょっと美人風に言ってみる。

「それは、ありがたい。私は、人間ではないので名前がないのですが、ある方々からは、『なやみ喰い』と呼ばれておりまして、あなた様の『お悩み』を頂戴しにうかがったのです」

「私の悩み？」

「左様でございます。あなた様にはたくさんのお悩みがありますようで、それを全部いただきに参ったというわけです」

「ええ、ええ。いっぱいあるわ。でも、あなたに私の『悩み』をあげると、私はどうなるの？」

「はい、マツカ様たち人間のお食事は、食べ物でございますが、私にとってのご馳走は、人間の『悩み』なのでございます。一度『悩み』を食べさせていただきますと、今後、マツカ様の人生からは一切の『悩み』がなくなるわけでして、とても快適な人生を送ることができるのでございます」

「今後、ずっと？」

「はい、ずっと」

「ずうっと、悩みのない人生？」

「はい、左様で……」

　このやりとりをしながら、夢だとわかっていながら、意識の遠くのほうで、露天風呂での女性との会話がフラッシュバックしていた。

『悩みは、自分のタマシイのランクアップのために自分で選んだ宿題よ』

　柔らかくて、心をすっぽり包み込んでくれるお花のような、あの女性の顔と声が、ふわっと心に浮かんだ。

「ダメ！　ダメよ！　いくら悩みとはいえ、私のものよ。簡単にあんたなんかにあげるわけにはいかないの。自分の宿題は、自分でやらないと意味がないじゃない！」
と叫んでいた。

自分の大声で、目が覚めた。
我に返ると、超絶イケメンの『なやみ喰い』は、消えていた。まあ、所詮夢ですもの
……。

でも、テーブルの上には、食べかけのスイーツとお茶は残っていて、どこからどこまでが夢なのか現実なのかがよくわからない。
ただ、酔っ払っていることだけは確かで、そのまま、大きなダブルベッドに倒れ込んで眠ってしまった。

トイレ！と思って目を覚ますと、時計は5時30分を指していた。
まだ、頭がぼんやりとしている。テーブルの上には、食べかけのスイーツと、冷め切った紅茶が置かれたままだ。

酔っぱらいの私は、ホテルのサービスのお茶とお菓子の前で、一人芝居をしていたのか？

そう思うと顔から火が吹くほど、恥ずかしい。

あっ、今、５時30分よね。日の出って何時だっけ？

調べてみると、６時ごろが日の出の時刻だった。ここの露天風呂は、確か６時スタート。東向きだし、水平線から登ってくる朝日が見られる。

お風呂用に身支度をして、昨日と同じ、女性用の露天風呂へ向かうと、なんと、またもあの女性と出くわした。

「あら。おはようございます。何かあった？　昨日と表情が違うわ。なんだか輝いてる」

「えっ？　それは、ここの照明のせいじゃないですか？　昨日は酔っ払ってしまって散々だったんです。せっかくのスイーツも残してしまうくらいに……」

「昨日のディナーのスイーツ美味しかったわよね。お料理も美味しくて……、でも、たくさんだったから食べきれないわよね、いくら別腹だって言っても」

「いいえ、いいえ、ディナーのスイーツじゃなくて、部屋でサービスされたお茶とスイーツのほうなんです」

「あら、そんなサービスがあったの？　お部屋によってコースが違うのかしらね」

いや、そんなはずはない。じゃあ、あれは夢じゃなかったってこと？

まだワインが完全に抜けきっていない、少しポーッとした頭では、きちんと整理ができない。


とはいえ、昨日の夕暮れとは、まったく違う印象の朝の海。気を取り直して、生まれてはじめて、海から登ってくる太陽を見る。

なんだか、とても神聖なものを見させてもらっている、そんな厳かな気持ちが心に湧き上がってきた。

水平線は太陽の光を浴び、一瞬たりとも同じ色でいることができず、刻一刻と、様々な色味を帯びて変化していく。

同時に、空の色も輝きも、変わっていく。

「朝日はね、毎日、私たちを生まれ変わらせてくれるのよ。今の人は、太陽から離れた生活をしているでしょ？　昼間の太陽も光も大切だし、特に朝日の力は、頭の中の神様のご馳走なのよ」

昨日と同じ柔らかい声が、私の耳をくすぐる。と同時に、ご馳走という言葉を聞いて、昨夜の『なやみ喰い』の綺麗な顔が浮かんできた。

「悩みかぁー」

「あら、悩みがどうかしました？」

「ええ、昨日、ここで、お話をうかがってから、なんだか私の悩みぐらい大したことはないんだって気分になってきたんです。もちろん、状況はなんにも変わったわけではないので、明日には、いつもどおり、満員電車にゆられてつまらない仕事をしに行くし、ドタキャンした上に、一切連絡がつかない彼氏とはサヨナラだし……。でも、たった今は、これでもいいんだって気分なんです」

「まあ、よかった。朝日があなたの神様のスイッチを押してくれたみたいよ。本当によかったわ。きっとこれからは、どんどんいいことが起こり始めるから、楽しみね」

「まさかぁ。このくらいのことで変化が始まるわけはないですよ」

「あぁ、ここは否定をする必要はないのよ。よかったって思えばいいの。ただそれだけでいいの。せっかく神様が目覚め始めたのに、また眠り始めちゃうから、もったいないわ」

「えっ、そうなんですか？」

「そうよ。きっと、これから、少しずつかもしれないけど、不思議といいことが起こるはずなの。それは、決して偶然なんかじゃなくて、神様が目覚めた印だから、こう思うだけでいいのよ。『ありがとうございます。お喜び様です。嬉しいです』って」

「ありがとうございます。お喜び様です。嬉しいです」

「そう、これも、魔法の呪文なの。この言葉も神様にとってのご馳走だから、ちょっとでもいいことがあったら、頭の中の神様に、お礼の気持ちを込めて言うの。それだけで、どんどん変化が起こってくるのよ。私が今の旦那様と巡り会えたのも、今、とても幸せなのも、この繰り返しの結果なのよ」

　昨日話を聞いていた時は、単なるファンタジーにしか聞こえなかったけど、今朝はなんだか、ほんの少しだけど、本当のことのように聞こえた。それに、信じてみたところで、私には何の損もない。

　そう思えたから、ちょっとやってみようかと思って、太陽の光を浴びながら、目を閉じて、心の中で、頭の中心に向かって囁いてみた。

『ありがとうございます。お喜び様です。嬉しいです』

　なんだか、気恥ずかしいけど、心の温度が、ちょっぴり高くなったように感じた。

　お風呂の後に部屋に戻ったときには、ティーセットは消えていた。このタイミングで部屋に入るなんて、いくらサービスのお茶といっても、スタッフが勝手に部屋に出入りしすぎに感じて、少し不快に思った。

朝食を食べ、身支度を済ませる。

カードキーをフロントに返す時に、昨夜のスイーツのことを確認したら、そんなサービスはしていないという。

じゃあ、あの、一連の出来事はなんだったんだろう？

頭の中がクエッションマークでいっぱいになりながらも、ホテルを出た。二日目の海辺のコースも気持ちよく、例のご婦人は私の隣の席に移ってきて、おしゃべりを楽しめたので、時間が過ぎるのはあっという間だった。

久しぶりに頭を空っぽにして、今のこの時間を楽しむことができた。

参加して良かったと、心から思える。

日が暮れ始めると、バスは海辺から離れ、高速に入った。まるで、夢から覚めるように景色が変わっていく。

　すると、メッセージが一通届いた。会社の後輩からだった。

「マツカ先輩、早く戻ってきてください。先輩がいないと困ります。課長も、先輩のありがたみをすごく感じているらしく、私の作った書類は不備だらけだって叱られるし、お茶一つとっても、先輩が入れるのと味が全然違うって言われちゃいました〜」

　会社の中では、一番気が合う後輩の女の子。だけど、今まで、こんな感じのメッセージなんて一度もなかった。

　私、役に立っているんだ。必要とされているの？

　すごく嬉しくなって、またも頭の中の神様にお礼を言いたくなった。

『ありがとうございます。お喜び様です。嬉しいです』


　すると、畳み掛けるように、もう一通メッセージがきた。

　彼だ。

　なによ、今頃。そう思って開いてみたら、びっくりした。

「ごめん、マツカ、本当にごめん。今、病院にいるんだ。昨日、出がけに車にはねられて、救急車で運ばれたんだけど、意識がなかったから、連絡できなかった。ちょっと前に意識が戻って、やっとお医者さんの許可がもらえたから連絡を入れられたんだ。本当にごめん。命に別状はないけど、3箇所骨折していて、1カ月は入院しなきゃいけないらしい」

そんな！　事故に遭っていたなんて！

それなのに私ったら、意識不明の状態の人に対して、勝手に怒って、勝手に別れようと思っていた。

「なにも知らなくてごめんなさい。病院を教えて！　東京に戻るのは18時の予定だけど、まっすぐ病院に行くわ」

メッセージを返した。ごめんなさいは、私のほうだわ。

深く反省するとともに、やはり神様に感謝せずにいられなかった。

『ありがとうございます。お喜び様です。嬉しいです』

会社の後輩や、彼のことを話すと、彼女は、自分のことのように喜んでくれた。

別れ際に、名残惜しくて連絡先の交換と、今更ながら、名前を名乗りあった。

女性の名前は、ユリコさん。本当にぴったりの名前。

そして、私が自分の名前を名乗ると、彼女はふき出した。

ほら、やっぱり私の名前は変なのよ。改めて、親を恨みはじめたその時に、彼女はこう言った。

「笑ってごめんなさいね。昨日からお話していた頭の中の神様の名前は『松果体』というのよ。ほらね、『マツカ』でしょ？」

えっ、神様の名前？

私は、生まれてはじめて自分の名前を好きだと感じた。

はじめに

「夢物語です」
「思いどおりにはいかないもの」
「高望みはよしなさい」
「諦めが肝心」
「身分不相応」

これらの常套文句は、常識と固定観念でがんじがらめの、今までの古い地球社会で高頻度に使用されてきた魔術です。生まれてこの方、親、学校、社会から、そのように教えられてきました。

だから人々は、「自分の想いは、うまくいくはずがない」と、自分自身を抑え込んできたのです。

今の制約と制限だらけのガチガチの地球社会は、このように抑えつけられたガチガチの地球人の意識と思考によって作られてきました。

いつも、自分の状態は不完全であると考え、「こうあるべき」「こうなるべき」と生きてきたのです。

「こうあるべき」「こうなるべき」の現存の科学や宗教は、大宇宙の本当の姿ではありません！

今の地球社会と地球人はニセモノなのです。

今のようなガチガチ地球人が存在するのは、「**松果体**」が不活性化しているからです。

「これでいいのだ」と、〝バカボンのパパ〟としてゆるんで生きることで、「松果体」は活性化し、「松果体」が活性化すると、さらに「これでいいのだ」と受け入れられるようになります。

こうして「ガチガチ」地球人は、楽で愉しく生きる「ぷあぷあ」新地球人になれるのです。

そして、こうなります。

「夢物語ではありません」
「思いどおりにいきます」
「望む自分に自由になれます」
「諦める必要はありません」
「身分を飛び越えます」

このような新地球人は、何が違っているのでしょう。

それは、「松果体」のポータルが開いたのです。

そうなれば、望む自分を自由に作り出すことができるようになります。それこそが、「**松果体革命**」です。

さあ、長い地球史において封印されてきた「松果体」が、いよいよ覚醒する時がやってきました。

あなたの松果体は、今、目覚めるのです。

松果体革命　松果体を覚醒させ超人類になる！　目次

革命物語『革命前夜　エピソード1　～マッカ篇～』……1

はじめに……35

1章　松果体の基礎知識……43

松果体って？／夜中に神秘体験が起こりやすいワケ／第3の目／「松ぼっくり」の謎／封印された松果体

2章 松果体を学ぶための宇宙の基礎知識……61

あなたの本来の姿とは／同時に存在する表宇宙と裏宇宙／あなたの魂の生まれ故郷／宇宙は無限大／身体を持ってしまった地球人／高次元DNAと叡智エネルギーの関係／現代医学は幼稚園レベル／超地球医学／人間の目に見えないDNA

3章 魂と松果体……85

魂データの不具合／地球にチャレンジする魂／地球人を作動させる高次元データ／ようこそ、地球へ／魂のジグソーパズル／人生と身体のシナリオは書き換えられる！／気づきや学びの原理／いつの間にか悩みや困難がなくなる魔法／脱・地球人化への第一歩／魂にとって、すべては「善」／人間生命のデータシステム／地球人データの書き換え／ガンという地球のギフト／宇宙の叡智を受け取る松果体／珪素は生命の宝物／地球医学が見落としているもの／宇宙と繋がるポータルの働き／脳と松果体ポータルの関係／神聖幾何学から紐解く「珪素の秘密」／叡智の伝わり方／時空間を超える扉／松果体が「引き寄せの法則」を成功させる／地球で最もお手本の「バカボンのパパ」

4章　解き明かされる松果体……157

司令塔としての松果体／松果体を弱らせる毒／松果体の変貌の歴史／高次元生命体と松果体／魂のありか／松ぼっくりと蛇、そしてホルスの目の謎／数字で紐解く松果体活性化／地球と宇宙に繋がる振動数／高次元DNAと魂の意識の振動数／魂とチャクラの算数／大宇宙がサポートする挨拶／多次元・パラレル自分宇宙への旅／望む自分を瞬時に創造する！／革命後に起こる変化　その1～望む自分で生きる～／革命後に起こる変化　その2～不食・不眠で生きる～／革命後に起こる変化　その3～フリー　エネルギーで自由に生きる～

5章　松果体を覚醒させるコツとテクニック……205

松果体を活性化させること
その1～人生と身体のシナリオを受け入れる～
その2～太陽の光を見る～
その3～ドルフィン・フレーズ～
その4～ドルフィン・チャージ～

その5～ドルフィン・エクササイズ～
その6～ドルフィン・タッチ～
その7～ドルフィン・リセット～
その8～ドルフィン・ハーモニー～

6章　松果体覚醒が生み出すストーリー……………229
現実の世界で、松果体が覚醒した人々

あとがき　～新しい始まりに向けて～……………248

1章

松果体の基礎知識

松果体って？

私たちの身体にある松果体とは、どんな器官なのでしょう。

松果体は赤灰色で、グリーンピース（7～8ミリ）ほどの小さな内分泌器官であり、脳の中心にあります。その形は、まるで松ぼっくりのようです。

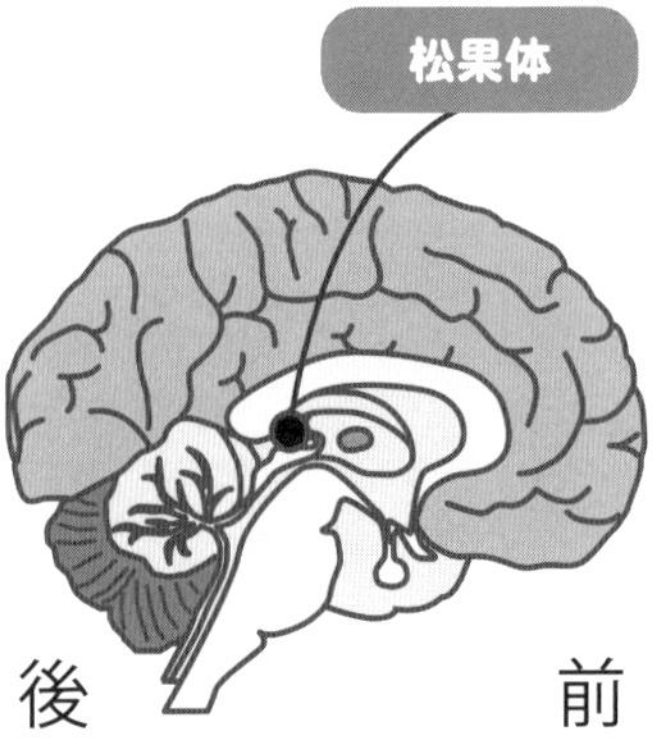

解剖学的に説明すると、第三脳室の後方、左右の第四脳室の中間、そして下垂体の上方、視床下部の少し下にあります。

１９６０年代に、松果体は、メラトニンを生成する機能がある内分泌器官であること、そして日内リズムを生み出していることがわかりました。

日中に太陽を浴びると、幸せホルモンといわれる「セロトニン」が生成されます。夜になって太陽の光が減少すると、「メラトニン」という睡眠ホルモンがセロトニンから生成されます。

近年では、「ジメチルトリプタミン（DMT、N,N-dimethyltryptamine）」という、トリプタミン類の原型となるアルカロイド物質も、メラトニンと同様に松果体でセロトニンから生成され、分泌されることがわかってきました。このDMTは、自然界にも発生するものであり、「天然の幻覚剤」ともいわれています。

松果体が脳内の奥深くの中心にあることから、古くから哲学者は重要な機能があると考えてきました。

かの有名な哲学者デカルトは、この世界には物質と精神という根本的に異なる二つの構成要素があると考え、その両者が松果体を通じて相互作用するとし、松果体を「魂のありか」と呼んでいます。

夜中に神秘体験が起こりやすいワケ

脳で重要な働きをするのは、「視床下部」と「下垂体」です。視床下部は内分泌ホルモンの最初の出発点で、下垂体は中継点です。そして、これらに近接する松果体は、視床下部と下垂体にとても影響を与えています。

松果体において、メラトニンは夜に分泌され、昼間は分泌が止まります。メラトニンを分泌している時間帯が、松果体が一番活発な時間です。それは、夜中の2時から4時。この時間帯こそ、宇宙の叡智と繋がりやすい環境です。

逆に、昼間は分泌が止まっているので、昼寝をしたとしてもメラトニンの分泌は多くありません。

夜中2時から4時のピーク時は、本当は寝ないでゆったりと起きている、または半覚醒状態にあると、宇宙の叡智からのメッセージを受け取る松果体のポータルが開きます。

そのような環境では、メラトニンだけではなく、「ジメチルトリプタミン（ＤＭＴ）」が積極的に分泌されます。

ニューメキシコ大学の精神科のストラスマン教授は、次のような研究結果を発表しました。

「１９９５年までに合計60人以上の被験者に対し、４００回以上にわたってＤＭＴを静脈注射で投与したところ、被験者の半数近くが地球外生物に遭遇したと報告した。実験は米国食品医薬品局の許可を得て行われた。人間の脳内にある松果体において、ＤＭＴが神経伝達物質の一種として生産され、宗教的な神秘体験や臨死体験と関連していると推論される」

この研究にあるような、地球外生命体と遭遇した被験者たちは、松果体のポータルが開いたことで、異次元世界と繋がったと考えられます。

このことから推測できるのは、松果体を活性化すると、ＤＭＴが出やすくなり、異次元世界、そして高次元の宇宙とより一層繋がりやすくなるということです。

第3の目

多くの仏像や仏画には、眉と眉の間に「白毫《びゃくごう》」と呼ばれる、小さくて丸いほくろのようなものが付けられています。

白毫とは、光明を放つとされる、右巻き螺旋の白い毛のことで、悟りを開いた者の証ともいわれています。

悟りを開くと「第3の目」が開くといわれていますが、第3の目は第6チャクラの位置です。第3の目が位置する眉間の、まっすぐ奥の位置に、実は松果体があるのです。

松果体が第3の目といわれる理由として、光に反応する器官であり、それを構成する物質が「珪素」であることが挙げられます。

珪素は、水晶の主成分です。人間の眼球のレンズの部分は水晶体ですが、水晶＝珪素でできています。そして、松果体も珪素から構成されています。

松果体は脳の中心にありながら、光を感じる器官であるということからも、第3の目と呼ばれることに繋がりを感じます。

動物や昆虫たちにも松果体はあります。
蛇の松果体は、頭のてっぺんにある「頭頂眼」です。カマキリやトンボなどは、むき出しの形で目と目の間にあります。

さらに、目のない魚や、光のない場所を飛び回るコウモリは、肉眼ではなく第3の目である松果体を使って、動く際に自分の位置を確認しています。

特にこの役割が顕著に見てとれるのは、魚の群れや、空を集団で整列して飛ぶ鳥たちの姿でしょう。まるで、大きな一つの生物のように魚の大群が一斉に動く姿は実に壮観ですが、肉眼で見て判断して動くスピードでは、あのような一固まりとなった動きを出すことは不可能です。鳥たちが、V字編隊を組んだまま飛んでいく姿も同じです。距離を一定に保ったまま、共通の目的地まで移動していくことは、運動能力の高さだけでは説明がつきません。

このような生物たちは、松果体を使って、テレパシー通信のようなやり取りをしている可能性があるのです。

こうしたことから考えてみても、肉眼で見るものとは違う何かを感知する第3の目が、松果体ということができるでしょう。

私たち人間も、古代まで遡れば、松果体は活性化していて、口頭の会話によるコミュニケーションだけではなく、テレパシーで会話をしていたようです。その頃の人間の松果体は、第3の目の本来の役割を果たしていて、今よりもはるかにパワーがあったのです。

そして余談ですが、キリスト教の宗教画に描かれている、人物の頭の後ろにある丸い円の正体は、松果体が放っている光を模したものだと考えられます。

天使やキリスト、マリアに描かれている後光は、松果体のパワーが強く、松果体から発せられる光がとても強いということを絵に表した結果なのでしょう。

「松ぼっくり」の謎

松果体は、機能や能力についての研究は少なく、医学的にも科学的にも、未だ解明されていない、謎めいた器官です。

しかし歴史を遡ると、古代の人々は松果体を重要な器官であるととらえていたことが紐解けます。なぜなら、古代エジプトの壁画やギリシャ神話の絵、キリスト教の建造物に、文字通り「松ぼっくり」の形として松果体が数限りなく登場しているからです。

建物や壁画に登場する松ぼっくりの姿は、何も知らずに見ると、ただのデザインとして見過ごしてしまうかもしれません。ひとたび「松ぼっくり＝松果体」と知ってしまうと、不可思議としかいえません。

なぜ、そんなものが描かれているのでしょうか？

登場しているシーンから見ても、特別な存在として大切に扱われているように感じます。

まず、エジプトの壁画をご覧ください。太陽に向かって高く差し伸べられた手の上の物体は、実は松ぼっくりです。また頭に被っている被り物も、松ぼっくりを模したものと思われます。

なぜ、松ぼっくりなのか？

なぜ、太陽に捧げるようにしているのか？

太陽神であるアテンを崇拝するアメンホテプ４世の手の上には、松ぼっくりが乗っているとみられる　提供：アフロ

古代エジプト人の残した遺跡は謎だらけですが、現代の科学よりもはるかに優れた知識を持っていたとされる彼らが描いたものに、意味がないはずがありません。

また、有名な『ホルスの目』は、古代エジプトのシンボルの一つであり、

壁画に描かれたホルスの目
©DEA / W.BUSS / Getty Images

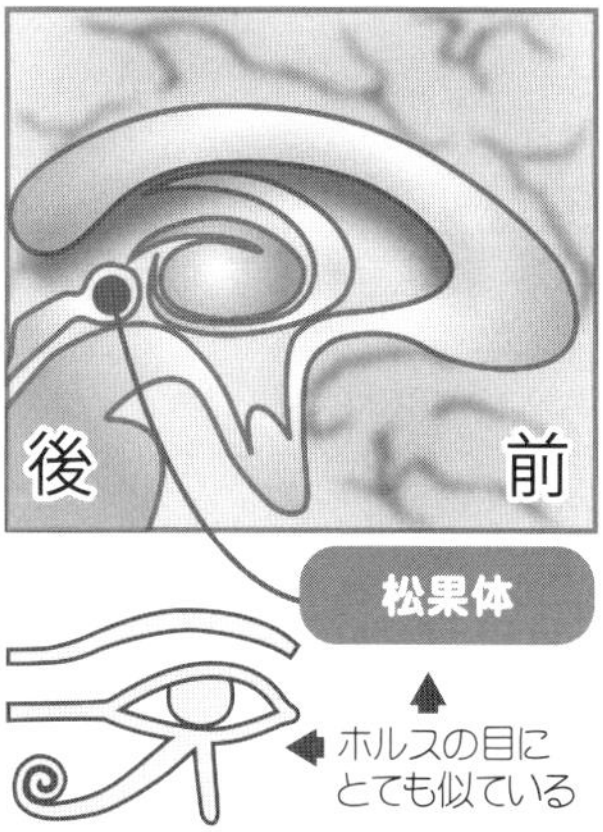

脳の断面図

壁画にも幾度となく登場します。とてもエジプトらしいデザインですが、人間の脳の断面に浮かび上がる、松果体を取り囲む組織の形にそっくりです。

左目「ウジャトの目」は月のシンボル、右目「ラーの目」は太陽のシンボルといわれています。これを掘り下げていくと、次のような関連性が見えてきます。

ホルスの左目（月）＝ウジャトの目＝脳海馬（蛇）＝分離（我）
【集合意識・常識・固定観念】の象徴

ホルスの右目（太陽）＝ラーの目＝松果体（松ぼっくり）＝調和
【自分宇宙・宇宙の叡智】の象徴

松ぼっくりに向かって絡みつく蛇で描写される杖を手にしたヘルメス
©Atlantide Phototravel / Getty Images

ギリシャ神話に登場する神のひとり、ヘルメスが持っている『ケーリュケイオン（カドゥケウス）』という名前の杖も有名です。現代では商業や交通関連、医療のシンボルマークとして使われており、杖のてっぺんにヘルメスの翼が描かれたものを私たちはよく目にします。描写はさまざまですが、基本的には杖の周りを2匹の蛇が螺旋を描くように上に向かって絡みついています。

しかし、この写真の杖の一番上には、松ぼっくりが乗っています。この構図は2匹の蛇が松ぼっくりを食べようと狙っているようにも見えますが、これらの蛇こそが、宇宙の叡智の取り込みを阻害する常識や固定観念、集合意識なのです。

ギリシャ神話の中に登場するエピソードは、ファンタジックで荒唐無稽な内容ながら、現代の私たちに多くの気づきをもたらすヒントが内在しています。

さらに、キリスト教の教会の建造物や装飾には、至るところに松ぼっくりが乗っています。デザインとして流行していたのでしょうか？　いえ、まさかそんなはずはありません。

キリスト教の中心であるバチカンのサン・ピエトロ大聖堂の中庭には、巨大な松ぼっくりが置かれています。1～2世紀ごろに鋳造されたとされるブロンズ像ですが、こんなにも大きな松ぼっくりを、意味もなく大聖堂に配置するでしょうか？

これにも隠された意味があるのです。

古代エジプト、ギリシャ神話、キリスト教……これらが発祥した時代は、遠い過去のことですが、当時は現代と違って、自然や宇宙が生活に密着していたのです。当然、人間の感覚も、今とは大きく異なっていました。

ノートルダム・ラ・グラン教会　©ArnoLagrange

サン・ピエトロ大聖堂の中庭にある松ぼっくりの彫刻
©dbvirago / Depositphoto.com

エルサレムにある「生神女就寝修道院」のインテリア
©alefbet / Depositphoto.com

封印された松果体

松果体の存在は、ほんの少し前までは、とても軽視された存在でした。

現在では少しずつその研究が進んでいるようですが、医学的なアプローチから果たしてその真価にたどり着けるのかは、疑問が残ります。

なぜなら、松果体は、一般的な科学や医学では推し量ることができない神秘的な器官だからです。

古代文明で重要視されてきた器官であるにもかかわらず、現代の人々には全く知られていないということは、どこかの時点でそれが隠された可能性が高いという見方ができます。

では、なぜ隠さなくてはいけなかったのでしょうか？

それは、松果体には、とてつもない能力が秘められているからです。

人類の歴史を振り返ると、地域も年代も関係なく、その時代の権力者や特権階級を持つ一部の人間によって、高価なものや貴重なもの、あるいは価値があると判断されたものは、独占され、その存在さえも隠されてきました。

そこには、別の角度から見ると、こんな理由があるのです。

「知られてしまうと困るから」

一般庶民がその事実を知り、特殊な能力をもってしまうと、そうした彼らを支配することが困難になってくるからです。

松果体には、秘められた力が眠っています。その力は、地球をコントロールしている権力者たちの手によって、長いあいだ封印されてきました。

薬や手術で表面を取り繕う医学によって、また政治や経済のもと統制される社会によって、松果体を衰弱させ、人間を自分自身では何もできない無力の存在であるということにしてきたのです。

お金、権力、常識や固定観念で大衆を牛耳る勢力にとっては、松果体が弱っていたほうが都合がよいのです。

たとえば、病気を治すはずの医学なのに、どうして人々が弱ったままなのでしょう？　なぜなら、医学にとって患者さんはお客様ですから、できるだけ多くの方に長く通ってもらうためには、免疫機能やエネルギー産生機能がずっと弱っていたほうが好都合なのです。

松果体が衰弱していると、宇宙の叡智と切り離されて、本来の能力を発揮できないため、人類はコントロールするのに好都合な存在になります。

実際に、人々の松果体を弱らせて眠らせておくため、ありとあらゆる手段が使われています。でも私たちはそんなことを一切知らずに、松果体が眠っている状態が普通の状態だと思って日々の生活を送っているのです。松果体が弱りきっているので、直感力が働かず、誰かに頼ろうとします。その結果、私たちは自分の人生と身体に翻弄され、もがいています。

時の権力者たちは、巧みに情報を操り、私たちが現代医学や現代科学に頼り、他人に頼り、国や社会に頼る状況を作り上げてきたのです。

誰かに従って、何かに頼って生きるという姿は、本来のあるべき生命体の姿とはかけ離れたものです。本来の姿を取り戻すためにも、私たちは松果体を目覚めさせる必要があるのです。

2章

松果体を学ぶための宇宙の基礎知識

あなたの本来の姿とは

「人間とは、一体何ものか？　本来の姿とは何か？」

この命題は、人間としてこの地に誕生した者が、少なくとも一度は考えるテーマではないでしょうか。

哲学者も科学者も、それぞれのアプローチで回答を探してきましたが、未だこれぞという答えには辿り着いていません。


それではここで、その難題にズバリお答えしましょう。

「人間、そして生命の本質とは、すべて目に見えないエネルギーである」

これが答えです。


エネルギーは「魂」という言い方もできます。より正確に言うならば、「身体や物質を持っていないエネルギー」と表現できるでしょう。

今、地球上で、最も小さい粒子は「素粒子」だといわれています。素粒子とは、目に見えない非常に小さなもので、原子や陽子や中性子を作るための大元《おおもと》の〝素〟の粒子です。

もともと、私たちのエネルギーは意識を持たず個性も全くないエネルギー体でした。それは間違いなく素粒子より小さいものなので、「**超素粒子**」という名がふさわしいでしょう。素粒子を超えたさらに極小のエネルギーであり、私たちの魂の意識を物質という側面からとらえたときの姿です。

超素粒子としての私たちがいつから存在しているのかというと、無限大の時間の中で存在しています。いつからでなく、もともと**在った**のです。時間も空間もない世界に、ただ存在していたのです。

超素粒子として存在自体は持っているけれど、意識がないというのが最初の状態。自分が自分であることを知らないし、自分が存在していることも知りません。しかし、あるとき振動によって意識と個性を持つようになり、**自分**を認識したのです。これが、魂エネルギーが誕生する瞬間の世界です。

このときの振動が無限大の「螺旋振動波」で発生し、無限大の時空間が生まれました。非常にゆるい時空間です。しかし、超高速の振動なので、科学的に測定しても、値自体はゼロ。〝超ゆるい〟とは、そういうことです。今の地球人の科学ではとらえることが不可能な世界観が、実在しているのです。

では、どうして超素粒子が動きを持つのでしょうか？

それは、「自分とは何か」という好奇心。**魂の好奇心**があるからです。

もう少し詳しく説明しましょう。超素粒子はもともと意識を持たない状態で存在しているわけですが、すでに意識を持った他の魂たちも初期のゆらぎを持って、そこに存在しています。ぶつかってきた〝他〟を感じることで、自分というものが存在するのではないかという、**〝意識〟**が生まれます。

「自分？　自分って？　ちょっと知ってみたい、もっと知りたい、自分というものがあるのだろうか。自分とは何だろう？」

このような好奇心が生まれて、くすぐられるから、もっと自分を体験したくなる。

「自分をもっと知りたい」

その瞬間、意識がない自分の超素粒子が、無限大の螺旋振動数で震え出したのです。

これこそ、あなたという魂の意識エネルギーの誕生の瞬間です。

超素粒子のエネルギーは、螺旋を描き始めることで個性が生まれ、それによりそれぞれの魂の意識エネルギーはいろいろな変化を体験します。

この螺旋の渦は、右回転です。誕生のときに、たまたま右を選択したからです。つまり、私たちの魂の意識エネルギーは、**右回りの螺旋**です。誕生から今の時点まで、ずっと右螺旋です。

私たちは、右螺旋のエネルギーの宇宙を重ね合わせて共有しています。

私たちの意識エネルギーは、時間軸をもつ三次元の空間では右螺旋回旋ですが、二次元の平面では振動波という形状になります。また、それらの波は、粒子としてもとらえることができます。時間軸をなくした二次元の状態では、それはただの振動になります。

同時に存在する表宇宙と裏宇宙

エネルギーというものは、誕生する際に、素粒子と同様、超素粒子の段階でも「ポジティブ」と「ネガティブ」に分かれてすぐに消えてしまうという性質があります。

これは、観測上の結果であって、最初に観測されるエネルギー本体は永遠に消えることはなく、エネルギーとして存在し続けます。

それは、意識の置かれた一つ（超素粒子）だけが魂の意識として存在し、ほか（反超素粒子）は意識をもたないということです。この超素粒子と反超素粒子こそ、魂の誕生である「右螺旋」と「左螺旋」そのものであり、私たちは右螺旋を選択しました。

ポジティブとネガティブという相反する真逆のエネルギーは、このように同時に発生します。魂の意識の振動が生じるとき、鏡に映ったような瓜二つの右螺旋と左螺旋の渦が同時に生まれます。

右螺旋と左螺旋を足し合わせたら、プラスマイナスでゼロ。根源である誕生の地点から、右と左、表と裏の二つを持っているのですから、私たちがいる世界が表と裏でできているというのは当然です。二元性や二極性のもともとは、ここから来ているのです。

私たちが存在して体験しているこの右螺旋の宇宙を「表宇宙」とすると、体験することのない左螺旋の宇宙は「裏宇宙」といえます。

私たちは、表宇宙で、右螺旋の渦としてたまたま意識を持ってきただけであり、真逆の左螺旋の意識を持っている宇宙も存在しています。厳密に言うと、右螺旋と左螺旋の二つの意識があるのですが、左螺旋の裏宇宙は、私たちが体験しない世界です。それは、永久に体験することがない世界。存在しているということはわかっていますが、それ以上のことはわからない世界です。

この地球社会においても、表社会と裏社会は同時に存在します。裏社会の存在は、表社会を存在させるために必要不可欠なのです。

あなたの魂の生まれ故郷

今の私たちの立ち位置から見たら、表宇宙だけでも想像を絶する世界です。

魂の発祥の地点である超素粒子からは、螺旋のエネルギーが３６０度、至るところから発生していて、時間と空間が生まれています。

では、その魂の誕生の地点とは何か、気になりますよね。この点を、紐解きましょう。

たった今、私たちが体験している宇宙というものは、自分の魂の意識エネルギーのみが存在する、自分だけの時空間です。この、今ここの自分がいる一つの宇宙を、丸いシャボン玉ととらえてください。

実は、このシャボン玉は、各々に自分だけの一つのシャボン玉しか存在しません。ですから、地球上での交流というのは、地球人類同士がそれぞれのシャボン玉を重ね合わせていることになります。

そして、私たち一人ひとりがそれぞれに生きている宇宙を一つのシャボン玉だとすると、それ以外の過去生・未来生・パラレル生のシャボン玉宇宙が無数に存在し、その数は無限大です。

そのすべてのシャボン玉宇宙を、「**多次元・パラレル宇宙**」と呼びます。

「パラレル世界」「パラレルワールド」という言葉を聞いたことのある方もいるでしょう。それと同じ意味です。

多次元・パラレル宇宙は無限大に存在しますが、私たちが今、体験しているシャボン玉宇宙は、その中のたった一つにすぎません。今いるシャボン玉宇宙のほかに、時間軸の時点でとらえた過去と未来の自分と、今の自分以外の他の自分がいるシャボン玉も同時に存在しています。

時間軸の時点でのシャボン玉宇宙と、今の時間を起点にしたところから生まれる、すべてのシャボン玉宇宙、これらの多次元・パラレル宇宙をすべて総括した大元。

それが、魂の誕生のポイント、「**ゼロポイント**」です。

魂の誕生の大元であるゼロポイントが、すべてのシャボン玉を生み出しています。この概念の理解に一番大事なことは、人間という存在は、身体を持っているとか、物質であるという考えをまず捨てることです。

私たちは、もともと身体がない、ただの魂の意識の存在です。

そして、その自分の意識が最初に誕生したポイントは、ものすごくエネルギーが高い状態でした。ゼロポイントのエネルギーは、今の地球上にある科学や数学の概念ではとらえられないレベルのエネルギーの高さです。地球の常識をはるかに逸脱している概念の世界。とにかく無限大であり、高次元のエネルギーです。

私たちのエネルギーは、もともとは、そういうレベルなのです。

このゼロポイントは、今ここの自分意識と無限大にある多次元・パラレル宇宙に存在する自分、パラレルの自分同士、または自分意識と自分以外の意識と交流することで生まれた、ありとあらゆるすべての知識・情報を、フィードバック的そしてホログラフィー（どんなに変化しても、元のエネルギー形態を記憶する法則）的原理によって、包括しています。

自分の魂の意識が誕生したゼロポイントのエネルギーに包括された知識・情報、つまり宇宙叡智の大元エネルギーこそが、すべての源であり、ここと繋がって必要な知識・情報を受け取ることができるかどうかで、その人の人生は大きく変化するのです。

宇宙は無限大

私たちが体験していない、無限にある自分の多次元・パラレル宇宙すべてが存在するのは、**宇宙エネルギーの〝場〟**です。

宇宙エネルギーの〝場〟とは何でしょうか？

一般的に、宇宙は大きさがあり、膨張しているといわれています。「膨張している」という考えは、〝限界がある〟という概念があるから生まれます。しかし、本当は、宇宙の空間に限りはありません。

もちろん、宇宙を〝空間〟ととらえると限りがあります。空間や宇宙空間という言葉自体に限りがあり、どこかに終わりがあります。ですから、宇宙のエネルギーを**〝場〟**ととらえることは的を得ています。当然、宇宙エネルギーの場は無限大です。

私たちの魂の意識エネルギーが誕生した瞬間の振動数は無限大の螺旋振動数であり、場としても無限大であり、空間の終わりがありません。

ゼロポイントから徐々に振動数が落ちてくると、限界をもつようになり、存在する宇宙の空間という概念が生まれ、〝空間の終わり〟という発想が生まれるのです。

身体を持ってしまった地球人

最近、エネルギーや魂のことを学ぶ動きが盛んになっています。それは素晴らしいことですが、我々は〝身体を持っている生物〟だということを忘れてはいけません。身体をコントロールするところから始めなければ、地球人として、人間として、魂を向けるべき方向に向けられない。そして、魂をあるべき状態にすることはできません。

意識を持ったエネルギー体である魂は、人間の一生と比べると、比べることに意味がないほど長い遍歴を持ち、地球に在ることに意味と意図を持って、たった今、この地球に存在しています。魂は自分の進化・成長を願っており、そのために、今この地球で人間としての身体を選択しています。進化・成長することが何よりも大切なテーマであり、どうすればそうできるのかを魂のレベルではしっかりと理解していて、自分にふさわしい課題を、実は松果体から選んでいます。

しかし、選んだ記憶は無意識下で眠っているので、すっかり忘れた状態の私たちは、目の前に出現する課題に対して、自分で選んだくせに文句を言いたくなるという、まるでコントのような状態が起きてしまうのです。

今の記憶ではすっかり忘れてしまっていますが、〝今、ここにいる〟ということは、自分自身である魂＝エネルギー体が、自ら望んで選んだ、かけがえのない状態なのです。

身体を持つからこそ不便を体験し、そこから、気づき、学ぶのです。

高次元ＤＮＡと叡智エネルギーの関係

では、人間の身体はどのように作られていくのでしょう。お母さんのお腹の中で、自分の身体ができる過程で、どのように手足や内臓を作っていけばいいのか、どうして知っていたのでしょう。

たったひとつの細胞である受精卵の状態から、いつどこで何をどう作っていくかという情報や、生まれてから手足をどのように動かしたらいいのかという情報、また食べたときに胃腸機能をどのように働かせるのか、ホルモンや酵素をどのように分泌してどのように止めるのか、あるいは傷を負ったときにどのように自然修復させるのか、ウイルスが入ってきたときどのように撃退して安定させるのかという情報。

人間が人間として生きていく上で、数限りない情報が必要です。

実は、これらの情報は、胎児細胞のＤＮＡにすべて書き込まれています。ここでいうＤＮＡとは、今の科学や医学で解明されている2重螺旋ＤＮＡだけではなく、目に見えない**高次元多重螺旋のＤＮＡ**です。多重螺旋ＤＮＡについては、92ページで詳しくお伝えします。

このＤＮＡが誤って作動してしまうと、本来あるべきでない身体や人生の問題を生み出してしまいます。その誤作動を修正するのが、脳から背骨を通る**情報エネルギー**です。神経を流れる情報エネルギーを、「**叡智エネルギー＝ソウルウェイブ**」と呼びます。人間の人生も身体も、すべて、このソウルウェイブが鍵を握るのです。

ソウルウェイブは、脳から、身体中の神経へと伝わっていきます。脊髄と、脊髄の枝葉の脊髄神経、そして一つひとつの細胞へ繋がる抹消神経へ……。

これは、「**身体の叡智＝身体ソウルウェイブ**」です。

叡智とは、すべて知っていること。すべての知識・情報です。外から教わる必要がない、すべてが内包されているエネルギーが叡智なのです。

しかし、この身体の叡智はどこから来るのでしょうか。供給源、もしくは発信源がなければ、ものは生まれませんし、存在しないはずです。

ズバリ言うと、身体の叡智は、人間の身体の外から、「**宇宙の叡智＝宇宙ソウルウェイブ**」としてやって来ます。

厳密には〝外から来る〟とは正しい表現ではないのですが、わかりやすく概念化して抽象化すると、〝人間の身体の外から〟が適切な表現です。

外から来る、それは、一体どこから来るのでしょうか。

その発信源こそ、自分の魂の意識エネルギーが誕生した場所、**ゼロポイント**です。
皆さん自身に必要なすべての知識や情報は、ゼロポイントから来るのです。

現代医学は幼稚園レベル

私ドクタードルフィンは、今生では身体の専門家である医師として多くの患者さんに接しています。実は、医師とは、身体と魂との関係性を、診療という立場から紐解くことができる職業なのです。

しかし今の現代医学には、残念ながら大きな二つの問題があります。

一つは、「病気や身体の問題は、外から起こってくる。不意に降りかかってくるもの」ととらえていること。

身体に起こった問題を、外から降りかかる良くないものと位置づけていますから、「良くないもの（たとえばガン細胞）は殺してしまえ。抑圧しろ」

「やられてしまったところは、切り取ってしまえ。取り替えろ」

「足りないものは補充しろ。多いものは減らせ」

というような、いわゆる表面的なとらえ方をし、人間の身体をモノとして扱っています。

こうした経緯から、単純な発想で外から操作するものばかりが、今の治療法として当たり前のように行われているのです。

二つ目の問題は、「心が悪いから病気になる」という話がまかり通っていることです。
心の持ち方——

確かに、この考えに正しい部分もあります。ただ、私が多くの患者さんと接してきて言える本質は、「身体のエネルギーの流れと目に見えないＤＮＡエネルギーが乱れているから、心が乱れている」ということ。これは、間違いないことです。

この点を、現代の医者や医療機関の方々は知らず、理解していないので「心が悪いから病気になる」ととらえてしまう。エネルギーが乱れたままで、いくら心を良くしようとしても、良くならないという結果しか起こりません。

外から身体を操作して、ごまかそうとしているのです。

心が悪いから身体が悪いととらえているのです。

この二つが、現代医学の大きな問題です。

これでは、人間が本来あるべき方向に向かうことはできません。

医師のあるべき姿、目的は、身体を救うだけではなく、**魂**を救うこと。これこそ、これからの医療の向かうべき道です。

高次元社会から見ると、地球の現代医学は幼稚園レベルなのです。

超地球医学

アプローチに問題があろうと、解明されていないことが多かろうと、現時点でも身体の専門家は医師です。

そして、アメリカでは国家資格が必要であり、自然医学として認知されているカイロプラクティックドクターは、脳から背骨の中を通る神経、そして人間を生かす情報に関するプロフェッショナルです。私は、この二つの分野に精通してきました。

脳には、人間を生かすための低次元情報が全部入っています。低次元とは、本質である宇宙の叡智ではない、体験や教育による地球レベルのものです。

人間の身体の場合、一番上に頭があり、そこに脳があります。脳から連続して、脊髄がぶら下がっています。ぶら下がっている脊髄は、背骨という硬い物質に囲まれています。頭蓋骨の中に脳があって、背骨の空間の中に、脊髄が脳からぶら下がっているわけです。

人間を生かす情報の通り道は、ここにしかありません。脳からの情報は、神経を伝わって、背骨から身体中へ、上から下へ、四方八方へと届けられます。

脳を追求していくこと。

背骨・神経を追求していくこと。

これは、すべての人間の状態に対して、基本的に重要なことです。予言者のエドガー・ケイシー（１８７７〜１９４５）も著書に記しているように、背骨を見ることは最も重要なことで、かつ基本中の基本です。

身体と魂を本当の意味で救っていくためには、脳と背骨・神経、これら二つの知識が欠かせません。とはいえ、これだけでは不十分。これに加えて、量子力学と**スピリチュアル**のアプローチも、不可欠なのです。そこには、宇宙の叡智と目に見えないＤＮＡの情報がとても重要になります。

医学だけではなく科学、政治経済から生活に関わるすべてにおいて、これからは目に見えない要素を取り入れていかないと良い発展ができません。

なぜなら私たちは、身体だけではなく、目には見えないエネルギー体である魂エネルギーなくしては存在できないわけで、この点を扱っているスピリチュアルな要素を抜きに物事を進めることは、本来ナンセンスなことだからです。

このことを受け入れると、誰もが、宇宙にあるエネルギー、つまり宇宙の叡智と繋がり始めます。そうすると、次々に人生も身体も良い方向に向いていくのです。

宇宙の叡智を受け取るためには、目に見えない身体エネルギーを整えることにより促進することができ、そのためには今の医学の知識にプラスするものが必要なのです。

人間の目に見えないDNA

社会のサポートで人間を変えるのではなく、薬や手術で外から変えるのではなく、心を変えて身体を変えるのではなく、人間は自分自身の中から、つまり自分自身の**目に見えないDNA**から変えないといけない。そうでないと本質的には変われません。

それは、その人を作って、その人を動かして、その人を治すことにおいて、目に見えないＤＮＡエネルギーを修正することです。

そして、目に見えないＤＮＡから変わっていくためには、それをコントロールする宇宙の叡智が正しく働く必要があります。

人間の形は、縦長に不安定です。本来は、四つ足で歩いていたほうが安定するし、重たい人間の頭を支えるのに好都合です。しかし、人間は二本足で立ってしまいました。

情報は、上から下へ、同時に真ん中から四方八方へ伝わります。ですから、60兆個あるすべての細胞にその時々に必要な情報を伝えることにおいて、わざわざ人間は、立ち上がるという選択をする必要はなかったのです。四つ足でも、情報は十分に、背骨の中を伝わるからです。

では、なぜ、わざわざ立ち上がることになったのでしょう。

それは、当時の地球人類よりも格段に進化し、二本足で移動していた地球外高次元生命体のＤＮＡが、地球人類に組み込まれたからです。

地球科学では、人類は手を使うために進化して、二本足になったと唱えられていますが、本当の理由はそうなのです。

人類の宿命なのでしょう、二本足で垂直に立ったことにより、背骨に負担がかかり、情報の流れに支障をきたしやすくなりました。さらに、本来の人生や身体のシナリオが書き込まれた目に見えないＤＮＡが、制限だらけの常識や固定観念によって、乱れてしまっています。そのため、地球人類は人生と健康にもがくことになってしまったのです。

脳から脊髄の中を流れる、知識・情報・指令の神経伝達エネルギーと、細胞内の目に見えないＤＮＡに書かれた人生と身体のシナリオ。これこそが、人の営みをすべてコントロールするものです。

ここから変えていくことで、あなたの人生も身体も、すべてが変化していくのです。

3章

魂と松果体

魂データの不具合

私たちの魂と松果体の関係性について、順にご説明しましょう。魂の意識エネルギーとして誕生してから、私たちは、今ここの自分以外の他のエネルギーと交流するようになります。エネルギーとして動いていますから、互いにぶつかったり接触したりという、交流が発生するのです。

交流する相手は、いろいろです。自分が体験していないことを体験している、自分の魂の意識エネルギーかもしれません。または、自分以外の存在の魂の意識エネルギーかもしれません。

さまざまなものとの交流によっていろいろな知識・情報を獲得することはできますが、その半面エネルギーが乱れてきます。いわゆる「エントロピーの法則」です。エントロピーとは、無秩序の度合いを示す物理量であり、無秩序になればなるほど大きくなるという法則です。

エネルギーがだんだんと乱れると、振動数が落ちます。螺旋振動数が落ちていくと、エネルギーのリズムが乱れます。こうして、エネルギーは重くなります。

この乱れこそ、魂の意識エネルギーが問題を持つ所以《ゆえん》です。

自分とは何か？

自分はこれでいいのだろうか？

自分を愛せているのだろうか？

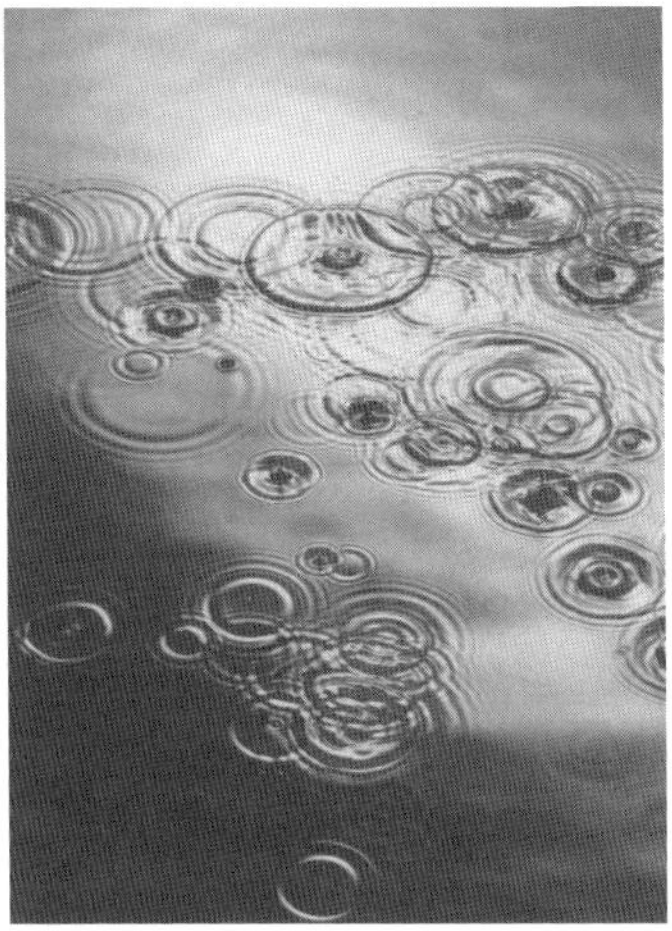

ぶつかり合い、広がっていく波紋
©londondeposit / Depositphoto.com

意識から成る感情の乱れは、こうして生まれるのです。

エネルギーの乱れを例えで説明しましょう。

何もない静かな水面に一滴の雫が落ちると、波紋ができます。少し離れたところにも別の一滴が落ち、波紋ができます。

この二つの波紋がぶつかり合ったとき、干渉し合い、交差するようにしてそのまま広がっていきます。また、跳ね返る自己の波とも干渉します。

雨のように、無数の水滴が作り出す波紋は、もはやそれぞれの波紋が判別できないほどに乱れるのを、ご覧になったことがあるでしょう。

エネルギーの乱れ、つまり意識の乱れは、まさにこのように作られていくのです。

地球にチャレンジする魂

無数の水滴による波紋が干渉し合って乱れるように、私たちの魂の意識エネルギー同士の交流によって、魂の意識は乱れていきます。

意識を置いて体験する「自分宇宙」だけでなく、意識を置かずに体験しない自分宇宙もあります。このように、多次元・パラレル宇宙の自分と、さらには、自分以外のエネルギーとの交流を考えると、それこそ無限大です。

さまざまな交流により、魂の意識エネルギーにエゴが出てくるようになり、「自分はもっといい思いをしたい！」という感情が生まれます。そして、自分の生きがい、価値観、自分に対しての愛情などというものが発生して、より不安定になっていくのです。

さらにエネルギーが重くなると、感情はさらに乱れ、最終的に不安や恐怖というものが生じます。そのように、低い次元である地球人特有のエネルギーを持つようになります。どんどん地球感覚に近づいていくのです。

そうなると、不安や恐怖をはじめとする「意識の乱れを修正したい！」という欲求が、魂に生まれます。魂の意識エネルギーが、自らの修正を願うようになるのです。

魂が誕生するゼロポイント周辺の超高速振動数の意識エネルギーには、交流で得られた知識・情報のフィードバック現象により、すべての知識・情報が存在しています。

ここでの魂の意識は、完全に調和された宇宙の愛そのものの状態。**今の自分がそこにあればいいという「楽で愉しい」**自分。

エネルギーが乱れた魂は、そこに戻りたいと切望します。何とかして不安や恐怖にまみれた自分から、愛情がいっぱいあって、楽で愉しい状態の自分に戻りたい。こうして、魂はゼロポイントに戻りたいと願うのです。

戻りたいと思うのがどのタイミングかによって、どの星に行くのかが決まります。自身のエネルギーの修正をするために、魂たちはさまざまな星に向かうのです。シリウスをはじめとする、地球より上の次元の星々がありますが、エネルギーの乱れの状態を修正する環境と、魂自身の需要が合致した星を、結果として選びます。

地球に生まれてきた人間は、〝冒険しすぎてしまった魂〟です。エネルギーの乱れをたくさん持ったまま冒険を続け、とうとうここまで来てしまったのです。冒険しすぎたエネルギーの乱れの修正には、地球の環境がぴったりです。なぜなら、大きな乱れを直すための荒療治ができるからです。

もう少し手軽に、地球ほどもがかずに修正できる星もありますが、地球まで来る魂は、冒険を好む、好奇心が強い魂であり、エネルギーの乱れが多いため、困難な環境を必要としています。

地球は、ネガティブの要素がいっぱいあり、ネガティブのほうが強い星です。だからこそ、ポジティブが学べるのですが、魂には、地球という星は大変だということが初めからわかっています。

そして魂は、自分のエネルギーを修正するのに何が必要なのかも、直感的にわかっているのです。

必要なことは、エネルギーの乱れを修正するための「**体験**」です。エネルギーが下がると、以前のエネルギーが高い状態はすべて忘れてしまいます。低いエネルギーの次元では、高い次元の感情や感覚は覚えていられないのです。これらを取り戻すためには、気づきや学びを生む体験が必要です。

不安や恐怖を取り除きたい、感謝することを学びたい、許すことで成長したい、自分への愛情を学びたい、また、自己肯定感や直感というものを磨きたい、形ではなくて目に見えないものを学びたい……など、魂の意識それぞれ課題を持っています。つまり、自分のエネルギーの乱れを修正するために、それぞれの体験の特性があります。

高次元の星では、魂の意識エネルギーたちの修正する程度が地球に比べると低いため、体験ももがくことが少なく、得られる進化や成長は限定的です。

あえて地球で〝もがく〟という環境を作った上で、その体験から必要な気づきや学びを得ることにより、エネルギーの乱れを正していく。

これが、地球で生きる意味なのです。

地球人を作動させる高次元データ

私たち人間には一人ひとり遺伝子があり、「ＤＮＡ」という2重螺旋構造の中にあるということは学校で教わりました。

医学でも同じように唱えていますが、2重螺旋ＤＮＡというのは目に見える物質情報であり、塩基配列（分子の構造）コードです。人間のすべての塩基配列は現代科学により解読されましたが、機能がわかっている部分は、たったの12・5％です。残りの87・5％が何のために存在しているのか、わかっていないのが実情です。

しかし、世の中に無駄なものは存在していません。母親のお腹の中で身体を形作っていくとき、いつどこにどのように目や手を作る、いつどこでどのように心臓や腎臓を作るなどの情報が必ず必要です。それらがすべて、残りの87・5%に入っているのです。

でも、それだけでは人間というものは作れません。たとえば、心臓を1分間に50～60回動かす。呼吸を20回する。手足を動かしてハイハイさせる。必要なホルモンや酵素を分泌する。傷を治す。毒や外敵を排除する。このような情報は、一体どこにあるのでしょうか？　少なくとも、ＤＮＡの2重螺旋の中には見つかっていません。

実は、目に見えないＤＮＡ螺旋が、2重螺旋ＤＮＡの外側に何重にも存在しており、そこに情報が存在しているのです。

2重螺旋ＤＮＡのすぐ外にある目に見えない**4重螺旋ＤＮＡ**には、**身体をいかに働かせるか**についての情報が入っています。心臓、肺の動き、消化・吸収・排泄、移動するなどの情報です。

そのすぐ外にある目に見えない**6重螺旋ＤＮＡ**には、**身体をいかに治すか**についての情報が入っています。いかに身体を治すか、傷をどのように閉じるのか、毒や細菌をどのように撃退するかなどの情報です。

そのすぐ外にある目に見えない**8重螺旋ＤＮＡ**には、**身体のシナリオ**が入っています。どういう身体の体質か、何歳でどういう病気になるかなどの情報です。

そのすぐ外にある目に見えない**10重螺旋ＤＮＡ**には、**性格、感情、能力**に関する情報が入っています。気質、気性、身体的能力、芸術的能力、学習能力に関する情報です。

そのすぐ外にある目に見えない**12重螺旋ＤＮＡ**に至っては、**すべての人生のシナリオ**が入っています。どのような職業に就くのか、どのような経済的な状況を味わうのか、どのような家庭を築くのか、何歳でどのような人と関わるのか……。人生で起こるあらゆる情報がここに入っているのです。

生まれる前からそれらのシナリオは書かれていて、高次元多重螺旋ＤＮＡの中に組み込まれています。

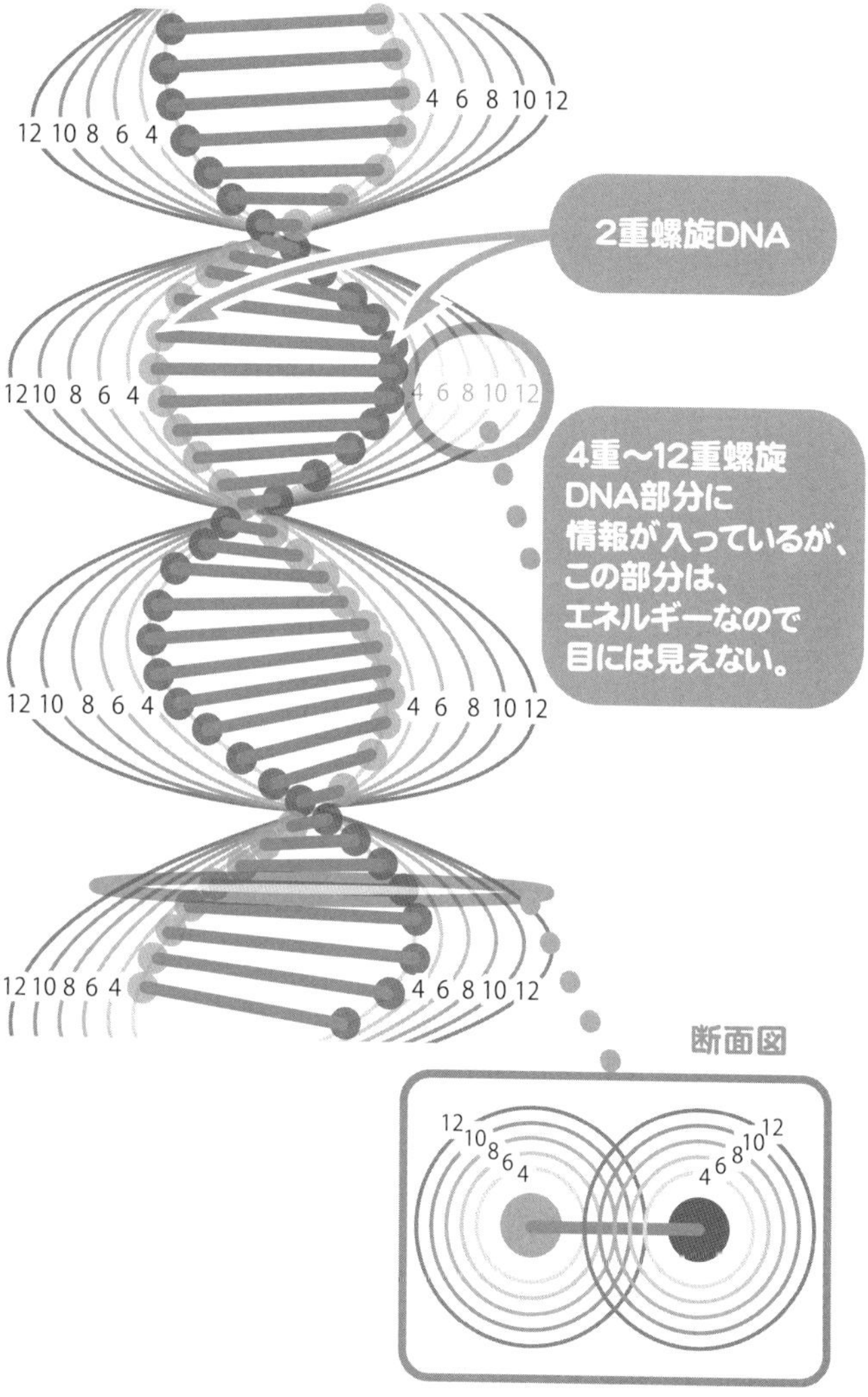
12 10 8 6 4
4 6 8 10 12
2重螺旋DNA
12 10 8 6 4
4 6 8 10 12
4重〜12重螺旋
DNA部分に
情報が入っているが、
この部分は、
エネルギーなので
目には見えない。
12 10 8 6 4
4 6 8 10 12
12 10 8 6 4
4 6 8 10 12
断面図
12 10 8 6 4
4 6 8 10 12

高次元多重螺旋ＤＮＡの各層の情報

2重螺旋 DNA （目に見える）	身体の設計図	いつ、どこに、どのように身体をつくるかという情報
4重螺旋 DNA （目に見えない）	身体の働かせ方	どの部分をどのように機能させるかという情報
6重螺旋 DNA （目に見えない）	身体の治し方	どの部分をどのように修復させるかという情報
8重螺旋 DNA （目に見えない）	身体のシナリオ	いつ、どこで、どのような身体のイベント（成長、病気など）を体験するかという情報
10重螺旋 DNA （目に見えない）	感情、性格、能力の情報	どのような感情や性格、どういう能力を所有するかという情報
12重螺旋 DNA （目に見えない）	人生のシナリオ	いつ、どこで、どのような人生のイベント（成功、失敗、困難など）を体験するかという情報

高次元多重螺旋ＤＮＡ情報は、エネルギー振動数で成り立っており、振動数の変化によってすべての情報が変わります。人間個体におけるＤＮＡは、各々振動数を持っていて、同じものは存在しません。

そして、**ＤＮＡの固有エネルギー振動数**を代表して表現するのが**松果体**であり、この松果体に、最初に魂エネルギーが宿ります。

松果体は、卵子と精子が合体して受精卵となってから、胎生3〜4週頃にできあがります。それまでの受精卵は、「人間」と呼ぶにはまだ足りません。何が足りないのでしょうか？

それは、**魂の意識**です。

魂の意識エネルギーは、松果体の、目に見えない高次元ＤＮＡ情報を見極めて身体に入ってきます。この時が、魂が宿る「ソウルイン」です。

ソウルインによって魂が人間個体に入り、赤ちゃんの生命に意識が発生します。

まさに地球人としての人生がスタートする瞬間です。

ようこそ、地球へ

人生のシナリオも身体のシナリオも、同じものは絶対に存在しません。見事なほどに、一人ひとり違います。

この一人ひとりの違いを一瞬で見極めて、自分にふさわしい個体を選ぶ能力は、全くもって想像を絶する世界観です。今の地球人の場合、五感でとらえて理屈で判断することしかできませんが、魂が松果体を見極めてソウルインする個体を選ぶということは、実際にはもっと感覚的なものです。

私たちの日常でも、初対面の相手に対して一瞬で好きか嫌いかを感じ、場合によっては強烈に惹かれあって、すぐに結婚してしまうケースもあります。

この初対面の時に感じる「何か」は、正確に言葉にすることは困難ですが、かなり膨大な量のエネルギーを一気に感じとり、自分のエネルギーとの相性を一瞬で判別しています。

次元こそ違いますが、この感覚に似たものと考えてみると、少し理解しやすくなるのではないでしょうか。

12重螺旋ＤＮＡのそれぞれの層に入っているすべての情報は固有の振動を持っており、それは固有の色とも表現できます。また、音、匂い、感触も持っており、魂はこれを見分けます。見るだけで、父親と母親が誰か、どのような家族環境なのか、経済環境はどうか、どのような学校に入って、どのような生活をして、どのような人生を歩むのか、どのような健康状態か、どのような病気になるかなど、人生・身体のシナリオが一瞬でわかります。

どう見分けるのか。それは、地球上にある無数の**「松果体の光」**の中で、自分に最適な松果体だけがあたかも輝かしく光っている感じなのです。松果体の光という表現を使いましたが、音や色を含め、地球人の理解の範囲を越えた要素がすべて入り混じったかたちで、一つのストーリーを奏で、松果体のエネルギーがそこに存在しています。

魂の意識は、そのストーリーを感じた瞬間に、すべてを理解します。このすべてと共鳴する感覚で、松果体に内蔵されたストーリーを判断するのです。それは瞬時です。一切の迷いもありません。

胎生３～４週に該当する人間個体の数は、地球全体で考えると膨大な数です。私たちの感覚では、「この個体にしようかな、こっちがいいかな」と選んでいるところをイメージしますよね。しかし、瞬間的に「これ、この個体！」と引き寄せられているのです。選ぶというより感じた瞬間に、すでにそこへソウルインしている勢いです。

自分の魂の意識エネルギーの乱れを修正するのに、最も適した高次元ＤＮＡの振動数エネルギーを持つ松果体を見つけた瞬間、魂はものすごく心地よくなり、そこに吸い込まれるように、すっと入っていきます。まるで、精子が卵子に入っていくように。

自分にとって、一番心地いい個体に引き寄せられるわけですが、心地良いストーリーには、人生でどんな失敗や大病をするかという情報も含まれています。自分で自分の修正をするのに適した、人生・身体のシナリオを持った個体が、魂にとって、一番心地良いのです。

魂のジグソーパズル

　人間的な発想では、わざわざ大変な思いなどしたくないと考えがちです。しかし、魂にとっては、自分のエネルギーの乱れを修正できる人生・身体のシナリオは、願ってもない貴重な体験です。

　そのため、「すごく大変そう」「ツラそう」という感覚はなく、「ここしかない」と、喜んでソウルインします。しかも、取り合いにもなりません。

　これも宇宙のルールであり、それぞれ必要とするものが全部違うのです。ジグソーパズルのピースが見事にはまっていくように、一つの魂の意識エネルギーと一つの別のエネルギーの組み合わせは、スムーズに決まっていきます。

　一卵性双生児を見ていると、まさに魂と身体の組み合わせの面白さを感じます。生物学的に見ると、細胞の中にあるＤＮＡの2重螺旋の上では、全く同じ配列を彼らは持っています。2重螺旋の配列が同じなので、身体が持つ特徴はほぼ同じであり、同じ家庭に育つので似た要素を持つ部分はもちろんありますが、性格も好みも異なるため、歩んでいく人生は完全に別のものになります。

この違いは、目に見える2重螺旋ＤＮＡではなく、目には見えない4重螺旋ＤＮＡから12重螺旋ＤＮＡに入っている情報が違うということです。この違いを見極めて、異なる課題をもつ別々の魂がソウルインするため、身体的な見た目はそっくりでも、最初から全く別々の人なのです。互いに双子である環境を望み、その環境から学べる要素が必要なため、同じタイミングでそれぞれの肉体にソウルインしています。

ちなみに、臨死体験や幽体離脱といった、身体が生きた状態で肉体を離れる意識エネルギーは、意識することなく自然に身体に戻ります。

このように、魂の意識エネルギーと、松果体を通して選択された人間個体は、切っても切れない関係です。オーダーメードのスーツやドレスのように、人間個体を成す身体は、自分だけの唯一無二のボディだと考えると、自分の人生に対する見方が少し変わってきます。

そして、70億人の人間個体と魂の壮大なジグソーパズルのピースを想像すると、身体を持つ自分との奇跡的な出会いに、畏怖の念と感謝を感じずにはいられません。

人生と身体のシナリオは書き換えられる！

もしも運命というものが完全に決まっていて、自分の意思では変えられないとしたら、人生はつまらないものに感じるかもしれません。

魂が松果体の光を感じ、自分のエネルギーの乱れを修正するのにふさわしい、人生・身体のシナリオを選ぶということは、すべてが決まっていて動かせないように感じます。

しかし、大宇宙の意識は、そんな無粋なことはしません。

高次元多重螺旋ＤＮＡに組み込まれたシナリオを、どんどん書き換えることができる道筋が用意されているのです。

そのためには、シナリオが書き変わっていく仕組みの理解と、そのために何が必要なのかを知っておく必要があります。

人間の数だけ、シナリオが用意されています。

高校や大学を受験して、合格したり、落ちたりするというシナリオ。

会社に入ったり、退職するシナリオ。人を騙したり、騙されて失敗するシナリオ。結婚したり、離婚したりするシナリオ。何歳まで生きるのか、いつどこで病気になるのかといったシナリオ。さらに性格や能力、才能など、ありとあらゆる情報があります。

それぞれの人間が、もともと潜在的に持っているＤＮＡを「オン」にするか「オフ」にするかという情報や、それを誘導する情報も、目に見えない12重螺旋に入っています。

つまり、何歳のどのタイミングで、どのＤＮＡをオンにして、どのＤＮＡをオフにするかという情報が、12重螺旋に全部入っているということです。

また、もともとのＤＮＡにあるシナリオの情報が、今ここの自分意識以外の意識（過去生・未来生・パラレル生、家族や社会）から形成される情報によって乱れているとしても、「これでいいのだ」と抵抗せずに受け入れることにより、もともとのシナリオに自分意識以外の情報を書き加え、シナリオを書き換えることができます。この反応を促進するセルフメソッドは、後ほどご紹介します。

たとえば、会社である仕事をして、うまくいきそうになっていたのに、人に騙されて大失敗して、会社をクビになるというシナリオを選んだ魂がいたとしましょう。

この魂が、どうしてこのシナリオを選んだのかというと、そのような大失敗をすることで「一番信用できるのは自分だから、もう少し自分の直感を大事にする」「人に頼らないで自立する」などを学ぶということが一つ。

もしくは、騙されて困ったときに、人に助けられて、人の優しさを知るというシナリオがあったのです。

もともとのシナリオに失敗する筋書きがあって、そのタイミングで失敗をするというスイッチが「オン」になる設定だったわけです。

この経験が必要だったからこそ、シナリオどおりのタイミングで、失敗というものを経験し、必要な**気づきや学びを得る**ことで、そのスイッチを「オン」から「オフ」にできます。

ところが、失敗した事実に対して、「どうして私は失敗したのだろう、失敗してしまって、本当についていない」「騙した人間が憎い」などとネガティブな受け取り方や後悔ばかりしていると、シナリオのスイッチはオンのまま持続し、同じような失敗をする人生が続いてしまいます。

逆に、失敗した事実から何かを学び、「失敗して良かったんだ」「騙されて感謝」と受け止めることができたとします。自分のシナリオなのだから、「失敗してもいいんだ」「この出来事から学べたんだ」と思った途端に、スイッチはオフになるのです。

このとき、自分への後悔や相手への憎しみさえも、シナリオに書き加えられます。

こうして、「〇〇に関して失敗をするというＤＮＡ」は、そこで役目を果たしてオフになり、このあとオンになることはありません。

「人の優しさを受けた」という場合、「自分は助けてもらって本当に嬉しい」と感謝をすると、「人の恩恵を受けるというDNA」がオンになって、オンのまま持続して、人からいつも親切にされる人生になります。万が一、ここで感謝できなかったとすると、オフになって、人の助けを受けられなくなってしまうのです。

あるべき気づきや学びに至らず、ネガティブな受け取り方をしてもがいてしまったとしても、もがく自分を「これでいいんだ」と受け入れることにより、「もがくことから、気づきや学びを得る」という新たなシナリオがDNAにインプットされます。シナリオのテーマを受け入れて、気づきや学びを得ることで、オンだったものがオフに切り替わったり、オフだったものがオンになります。そうして、人生と身体が進化・成長した状態になるのです。

シナリオどおりに生きて、そこから進化・成長すると、DNA螺旋はスムーズに存在しますが、今の自分を否定してもがいてしまうと、DNA螺旋は絡んでしまいます。D

NAが絡んでしまうと、理想的な遺伝子のオン・オフが起こらなくなってしまいます。

この仕組みがわかっていれば、とても受け止めがたい問題に遭遇したときでも、もがきが和らぎ、心にゆとりが持てるようになるはずです。

この仕組みのことを何も知らなければ、問題に立ち向かう気持ちを持てず、逃げたり、逆ギレしたりと、スタート時点からもがきまくってしまうでしょう。


さらに理解が進んで、この仕組みの面白さがわかってくると、

「今度は、どんな課題がやってきたのだろう？」

「この問題をクリアしたら、どんな変化が起きるのだろう？」

と前向きに受け止めて、自分から進んでその課題に向き合っていくようになります。

この段階にくると、仕組みの精妙さに、感謝の念を抱くようになるでしょう。

そして、感謝の気持ちが生まれれば生まれるほど、同じ振動数の人が集まり、その人

たちからの支援も受けられるようになるので、とても大きな問題が発生しても、簡単に解決したり、その出来事のおかげで新しいチャンスが生まれたりと、好循環が起こりやすくなるのです。

最初は信じがたいかもしれません。でも、「自分で選んだ人生と身体のシナリオなんだ」、さらに「もしかしたら本当に、奇跡的なＤＮＡのオンとオフが起こるかもしれない」と思えたらラッキーです。

そうすると**松果体のポータル**が開きはじめ、好循環が生まれていきます。

さらには、自分が望むシナリオを、新たにもともとのシナリオに書き加えて、書き換えることも可能になるのです。

気づきや学びの原理

魂の意識は、エネルギーの乱れを持っているわけですが、その魂エネルギーがソウルインした人間個体のＤＮＡの乱れの情報を宇宙に送ると、その情報をもとに宇宙の叡智が本来あるべき状態に修正するためのエネルギーを送り返し、人間個体のＤＮＡはその瞬間、全く乱れのない純白の状態となります。５章でご紹介するセルフワークや私の診療などで松果体を活性化することで、それを促すことができます。

この純白な状態は、地球環境の中では長く維持することはできず、すぐに魂の意識が選択した、もともと乱れたＤＮＡ状態に戻ります。

この純白からもともとの乱れへの**ＤＮＡのエネルギー変化のギャップ**が意識に働く過程こそ、私たちに必要な気づきや学びを生み出す原動力となります。

そのとき、気づきや学びに応じたＤＮＡ遺伝子の書き換えが、自動的に起こります。

書き換えのスピードと能力は、それぞれの人間の松果体の活性化度合いと意識の進化度によって大きく異なり、高い人は早く強力で、低い人は遅く弱いのです。

繰り返しますが、次元の高い宇宙の叡智によってＤＮＡが白紙である純白状態になり、次の瞬間、魂の意識が選択したＤＮＡのもともとの乱れが再現されます。そのとき魂の意識は、「どうしてその課題を選んだのか」という理由を思い出すのです。

これこそが、気づきや学びの原理です。

いつの間にか悩みや困難がなくなる魔法

気づきや学びというものは、生み出そうと思って生み出すものではなくて、宇宙の叡智により自然に生まれるものです。

「自分の気づきや学びって何だろう」ともがく状態では、宇宙の叡智が働きにくいのです。

ハウツー本では、「こういう問題を持ったら、このような気づきや学びを持つべきである」と誘導をしているケースがあります。しかし本来は、宇宙の叡智により、いつの間にか自然になされるものです。それは、「これでいいんだ」と、楽に愉しくゆるんでいるときに、松果体のポータルが開いて自然に生み出されます。

松果体のポータルが開くと、それまで想うように望むようにうまくいかなかったことが、うまくいくように変化していきます。

そうして、私たちは**いつの間にか**、気づき、学ぶのです。

「そういえば、いつの間にか」という感じで、いい方向に進みます。

最近、世の中で言われている「今のままの自分でいいんだよ」という言葉は、間違いではないのですが落とし穴があります。

人から言われて頭で考えて無理矢理に考えた結果の「強制された自分」では、松果体のポータルは閉じたままです。それは、いつの間にか自然に受け入れる「心地よい自分」とは、全く別のものということです。

重要なのは、いつの間にか自然に受け入れた「心地よい、今のままの自分」を実現することです。

「これでいいのだ」とゆるんでいるとき、私たちの気分はリラックスし、イヤなことも忘れてしまう状態になります。逆に、自分が抱えている症状や病気、悩みや困難に心がとらわれていると、それらの状態をさらに引き寄せてしまいます。

楽しい映画を観たり、大好きなアーティストの音楽を聴いたり、好きなことに没頭していると、痛みや悩みを感じていないという体験が生み出されます。

何かに意識が向いているときや何も考えない瞑想状態のように、問題だと思っていたことを忘れてしまっているようなとき、宇宙の叡智は働きます。

しばらくしてから、ふと思い返してみると、そういえば最近変わった、症状がない、人生に悩みがなくなっていた……などが起こるのです。


このように、人生や身体の問題を「これでいいのだ」と受け入れて、解放されている状態のときが、最も宇宙の叡智を受け取りやすいのです。

常識や固定観念にとらわれない、自分自身による生き方を大切にすると、自分が存在する自分宇宙の環境が変わります。

ですから、「これでいいのだ」と受け入れることは、とても価値のあることなのです。

脱・地球人化への第一歩

どうして、高次元ＤＮＡエネルギーは絡むのでしょう？

それは、地球という環境が、他者や社会のエネルギーによって、本来の自分のシナリオを生きることを乱す仕組みをもつからです。

私ドクタードルフィンの診療では、その人の身体に触れて、高いエネルギーの宇宙の叡智を体内に取り入れさせます。そうすると、いったんＤＮＡの情報がリセットされます。次の瞬間、魂の意識が選択したシナリオが書き込まれたＤＮＡの状態に戻ります。

さらには、ＤＮＡを絡ませる要素も、シナリオに書き加えてしまいます。

このように、白紙のＤＮＡから、シナリオが書き換えられたＤＮＡに戻るエネルギー変化の過程こそが、書き込まれたＤＮＡを良い方向に書き換えるための気づきや学びを生み出すのです。

私がその人に触れなくても、その人自身が人生と身体の体験を「それでいいのだ」とゆるんだ状態で受け入れることで、ＤＮＡをリセットして修正する要素を含んだ宇宙の叡智が取り込まれます。

「あーそうだったのか」と気づいたり学ぶ瞬間に、ＤＮＡエネルギーの絡みがほどけるとともに、ＤＮＡエネルギーも望む状態になっていきます。その結果として、病気がなくなったり、病気と共存したり、問題が解決したり……という現象が起こります。

気づきや学びにより、乱れたＤＮＡエネルギーを書き換えて、よりよく生きることこそが、人類がこの地球で生きる目的なのです。

逆に「これではだめだ」ともがいていると、ＤＮＡを修正するための宇宙の叡智を十分に取り込むことはできません。そして、もともとのＤＮＡの乱れ以上の絡みを生み出してしまいます。

意識がもがいている時に入ってくる宇宙の叡智の知識・情報のレベルと、意識がゆるんだ時に入ってくる宇宙の叡智の知識・情報のレベルには、明らかな差があり、この差が人間の進化・成長に大きな違いを作り出します。

魂の意識の進化・成長にとって、なくなる必要がない人生や身体の問題もたくさんあります。不遇な環境と共に元気に生きるという選択。または、気づきや学びにより、不遇を優遇に書き換えるという選択。

どれも、価値のある魂の選択なのです。

一見、納得がいかない選択に見えたとしても、それはあなたの魂の意識が選択したことです。選択したことしか、体験できません。これは、宇宙の法則です。

常識や固定観念から生まれるような、善と悪というふるい分けや、こうあるべきという考えは、魂の進化・成長を阻害するものです。

魂にとって、すべては「善」

魂の意識は、その瞬間に一番良いという状況しか体験しません。この「一番良い」という魂の感覚は、生きている人間の感覚とは全く違うものです。

魂にとっての良い悪いは、自分の乱れたエネルギーを修正するのに、「どのような体験をしたら一番修正しやすいか？」という基準しかありません。

ですから魂エネルギーの修正の観点から見たときに、どんな選択であっても、すべてが「善」の判断のもとに選ばれた状況でしかないということです。

私たちは地球次元でいうところの「善」と「悪」を感じて、ストーリーの流れによって一喜一憂してしまいますが、魂エネルギーレベルでいうと、体験するものはすべて「善」なのです。

しかし、現代に生きる私たちの松果体は不活性化していて、松果体のポータルが閉じてしまっています。そのため、魂の選択による「善」がわからないのです。「すべては自分で選んだこと」だという感覚を持てずにいます。

　ポータルが閉じたままだと、「人生の失敗があっても大丈夫」「病気になっても大丈夫」と受け止めることができないということです。

「死ぬのは怖くない」

「大きな失敗をしたけれど、これでよかったんだ」

「病気があってもいいんだ」

　このように現実を受け入れることが、宇宙の叡智と繫がるということです。こういう状態は、松果体を活性化してポータルを開くのです。逆に現実を受け入れずにポータルが閉じると、ＤＮＡエネルギーが絡むので、もがいたまま人生を過ごすことになります。

　生きて感じることを、そのまま受け止めて大事にすることができるようになると、自分の人生と身体が、どんどん良い方向に向かいます。

　良い方向といっても、あくまでも、魂の感覚での良い方向です。それは、病気を持っているとか持っていないとか、死ぬ、生きるということではなく、魂にとっての「善」です。それは、楽で愉しい「楽愉《らくたの》人生」を過ごすことへと繋がっていくのです。

人間生命のデータシステム

現代の地球人の松果体は、活性化していません。非活性化つまり弱体化・衰退化、または縮小化ともいえます。医学的には「石灰化している」といいますが、いずれにしても非活性化しています。

この眠っている松果体を活性化させることが、これからの地球人には絶対に必要なことです。

前述したように、私たちが地球人として存在しているのは、魂の意識エネルギーにとっての人生・身体のシナリオが、そのエネルギーの乱れの修正に最も適していると認識した人間個体を自ら選んだ結果です。

ただ、地球で生きていると、シナリオどおりにいかない要因がどうしてもでてきます。なぜなら、自分だけの生命エネルギーや意識だけではなく、いろんな他者のエネルギーや意識が絡んでくるからです。

そんなとき、松果体が活性化して宇宙の叡智が働いていれば、自分以外の意識エネルギーの影響も、ポジティブな情報としてＤＮＡに書き加えることができます。そして、書き換えられたシナリオを生きるのです。

自分の想うようにいかなくても、望みどおりにいかなくても、もがかずに、うまくいかない自分を受け入れることで、うまくいくシナリオになるのです。

しかし、松果体が不活性化していると、人生のシナリオが書かれた12重螺旋ＤＮＡが絡んだ状態となり、地球人は人生・身体に対して、「こうでないといけない」ともがき苦しむことになるのです。

地球人データの書き換え

もがかずに現実を受け入れることで、ＤＮＡ遺伝子の絡みが解かれると、それらのＤＮＡで構成される細胞たちの振動数によって生み出される身体のハーモニーは１００％の状態になります。さらには、発達脳に蓄積された、「こうでなくてはならない」「こうしなくてはならない」のような、もがく原因となる常識や固定観念が消去されます。

そうなると、松果体が活性化し宇宙の叡智が舞い降りることで、気づきや学びを生み出して、乱れたＤＮＡの絡みが解かれるのです。

そして最終的に、ＤＮＡは理想的な状態に書き換えられます。

どのような書き換え状態にするかは、人それぞれ異なります。感情だけを書き換えるのか、身体の状態まで書き換えるのか。それぞれの魂の選択なのです。

今の時代、感情だけを書き換えて、人生を早く終わらせることを選ぶ魂が実は意外に多く、そういう方は病気を治さずに病気を受け入れ、穏やかな気持ちで亡くなります。

別の選択として、共存することを選んで、病気と共に長い期間、穏やかに過ごすという場合は、感情だけではなく、身体の状態も少し書き換わった状態です。

また、病気を完全に治すという選択により、実際に奇跡的な回復をされる方も、大勢いらっしゃいます。しかし、完全に身体の状態を書き換えるためには、多重螺旋ＤＮＡの2重螺旋ＤＮＡまで書き換えていく必要があるのです。

この書き換えを実行しようと思った場合、目に見えないＤＮＡが、相当なレベルでしっかり書き換えられている必要があります。いろいろな気づきや学びを経て、見えないレベルのＤＮＡの書き換えが実行されると、目で見える2重螺旋ＤＮＡも書き換わり、余命宣告をされた末期ガンの方だとしても、短期間で完治するということが起こり得るのです。


いずれにしても、松果体が活性化しなくては、目に見えないＤＮＡレベルの変化は起こりません。人生の状態の変化も、身体の状態の変化も、**松果体とＤＮＡと宇宙の叡智**

によってもたらされるのです。

ひとたび、松果体が活性化し始め、その波に乗ることができたら、人生も身体もみるみる良い方向に変化していくでしょう。

このことがわかっただけでも、あなたの松果体は、きっと目を覚まし始めます。

ガンという地球のギフト

私ドクタードルフィンを訪ねてこられる進行期（ステージ4）のガンの患者さんは、たくさんいらっしゃいます。完治される例が増えてきているものの、多くの人にとってガンは未だに恐ろしい病気であることに変わりありません。

ガンを告知された途端、それまでの人生の流れを一変させてしまうほどインパクトのある病気です。しかも、ガンになった本人だけでなく、家族や知人にも大きな影響を与えます。

どうして、こんなにも恐ろしい病気が、多くの人を苦しめているのでしょう？

それは、「ガンにかかったことで不安や恐怖を学ぶ」という魂の意識の選択をする人が多いからです。

地球にやって来る多くの魂の意識にとって、不安と恐怖の克服をテーマにしていることがとても多く、この克服にとても適しているため、ガンという病気が選ばれています。

ガンは命を脅かす病気であり、身体中にどんどん広がって命を縮めてしまいます。

現代医学は、ガンに対して克服できていないのが現実で、その間ずっと大きな不安と恐怖を感じて生活するという世界観が用意されています。そのため、不安と恐怖の克服をテーマとした魂の意識が、この病気を選択するということは、すごく合理的で理にかなったことなのです。

今の日本では、二人に一人は何らかのガンにかかるというデータがあるほど、ガンの発症率は高くなっています。ガンの告知を受けるといろいろな試練がスタートしますが、魂の意識レベルでは、そこから先の選択はさまざまです。

実際には、気づきや学びのもとに、完治する人、ガンと共に生きる人、ガンでこの世を穏やかに去る人と、大きく三つのパターンに分かれます。
この選択は、それぞれの魂の意識が、自分の気づきや学びにとって必要なシナリオとして、ソウルインの時点で選んだ方向性です。

気づきや学びを経て、「ガン」を友だちにして、ガンからマイナス要素を受けずに、逆にそこからさらなる気づきや学びを得て、共に生きるという選択をする魂もいます。この選択は穏やかなシナリオのもと、強力な魂の意識の進化・成長が生み出されます。

ところが、気づいて学んだ結果、ガンを治さずにそのまま人生を終わらせることを選ぶ魂もいるのです。この場合は、必要な進化や成長を得られたということで、穏やかに幕を閉じるという選択をしているのです。
この世の常識的な考えでは、理解しがたい選択のように感じるでしょう。しかしこの魂にとっては、ガンという病気のおかげで、今回の人生で必要な気づきや学びは完了したと判断して、次の新しい人生への移行を決めるのです。

次の人生では、より「楽で愉しい」レベルの生命環境を生きることになります。

この選択の場合、残された家族にとっては、つらく苦しい結果を迎えることになりますが、穏やかな最期を看取ることで、残された家族にとっての気づきや学びがそこにあります。

実際、ガンになった人の数だけ、もともとのシナリオがあり、気づいたり学ぶことにより、予定どおりに書き換えられたシナリオや、もがくことを通して書き換えられるＤＮＡ情報による新たなシナリオもあるのです。


一つのシナリオによって、「自分はこういう病気だからいつ死んでもおかしくはないが、すべてを受け入れて、もう恐怖というものをもたないぞ」「生きる死ぬではなくて、永遠不滅の魂が本質なのなら、今の自分はこれでいい。不安なんてもたなくていいんだ」など、仮にこのような感覚を学べたとしましょう。

ある人の場合、「50歳でガンになる」というシナリオになっていたとすると、そういうＤＮＡがオンになるので、50歳前にガンを発症します。ここで、前述のような気づきや学びをもつことで、ガンをなくして生きる、ガンと共に生きる、または幕引きするという、もがかない選択ができるわけです。

ところが、ガンが消えて生き続けるというシナリオを選んでいたはずの魂がいたとしましょう。本来は、ガンによる気づきや学びが終わって、ガンがなくなるというシナリオのはずです。

しかし、予定された気づきや学びを得ることなく、「まだ死にたくない」「自分は不幸だ」「誰々のせいだ」などともがき続けると、「ガンで生き延びるＤＮＡ」がオン、「死ぬというＤＮＡ」がオフにならず真逆のスイッチが入ったままで、亡くなってしまうというケースもあるのです。

こうなってしまったとしても、亡くなる直前に「これでいいのだ」という意識になることができたら、その時点で、新たなシナリオに書き換えることができ、次の生は今生よりもより生きやすい環境でスタートできます。

どのパターンもそれぞれ、魂の意識が求めたシナリオです。

ですから、シナリオの流れがこの世的に悲しいものだったとしても、必然性があり、自ら望んだものだととらえることができた途端、本人にとっても周りの人間にとっても、悲しみも苦しみも少し和らぎ、病気への向き合い方自体が変化します。

そしてまた、気づきや学びの結果によっては、シナリオの結末を変えることも可能なのです。

治らないという選択をしていたはずのシナリオが完治のシナリオに変わったり、気づいたり学んだことを実感して、早めに今回の人生を終わりにしたりと、課題に向き合って、気づきや学びを得た場合、新たな選択ができるという自由度も、実はあるのです。

宇宙の叡智を受け取る松果体

これからの時代、人類はいよいよ宇宙と繋がっていきます。その時代に大切なのが、**松果体**です。

魂の意識の誕生であるゼロポイントでは、すべての知識・情報が集約されます。気が遠くなるほどの無限のデータを包括する知識・情報は、樹形図のように無限大に広がっているのですが、最終的に宇宙の大元であるゼロポイントで、全部一気に集約されるのです。そこには、過去から未来を含む多次元・パラレルの自分のすべてに関わる知識・情報があります。

宇宙の大元に繋がると、地球次元の自分に必要とするすべての知識・情報を降ろすことができます。

この知識・情報こそ、宇宙の叡智＝**宇宙ソウルウェイブ**です。宇宙ソウルウェイブは、松果体に入ってきます。人間の身体の中で、宇宙の叡智を受け取れる唯一の器官が松果体です。

宇宙の叡智である宇宙ソウルウェイブを、身体の叡智である身体ソウルウェイブに変換することが、松果体の大きな役割ですが、魂の意識の大元からやって来る宇宙ソウルウェイブの振動数は極端に高いので、そのまま身体細胞が受け入れてしまうと細胞は破壊します。ですから、松果体で変換して身体レベルに振動数を落とすのです。

このとき、宇宙の叡智を身体の叡智として人間に役立つようにする変換器が松果体です。

松果体が活性化していればいるほど、宇宙の叡智として必要な知識・情報が松果体に強力に、そして効率的に注がれ、それが身体の叡智となり、人間がより良く生きることを可能にさせます。

医療機関や社会福祉に頼らなくても、友人や他者に頼らなくても、必要なサポートはすべて、宇宙の叡智から取り込めるのです。

珪素は生命の宝物

ではなぜ、松果体で、宇宙の叡智が身体の叡智に変換されるのでしょうか？

それは、人体の中で最も**珪素**の度合いが高い器官だからです。

松果体は、珪素でできているといっても過言ではないほど珪素の度合いが高く、宇宙の叡智を最も強力に受け取ります。

珪素とは、地球で酸素に次いで多く存在する元素です。

珪素は、人間の身体の至るところにあります。人間の60兆個ある細胞の細胞壁や細胞膜に、松果体の度合いほどではないにしても存在しています。

植物は松果体を持たないため、自分の細胞壁・細胞膜にある珪素で宇宙の叡智を受け取り、生きています。

動物や昆虫たちも、松果体を頼りにして自然の中で調和をもって暮らしています。コウモリや目のない深海魚も、松果体と同様の働きをする器官のお陰で、暗闇の世界でもわずかな光や超音波を頼りに、平穏に生きています。

人間の場合、胸腺やミトコンドリアの主要構成要素も珪素です。

それぞれの器官でも宇宙の叡智を受け入れていますが、最終的には松果体で、それらをコントロールしています。

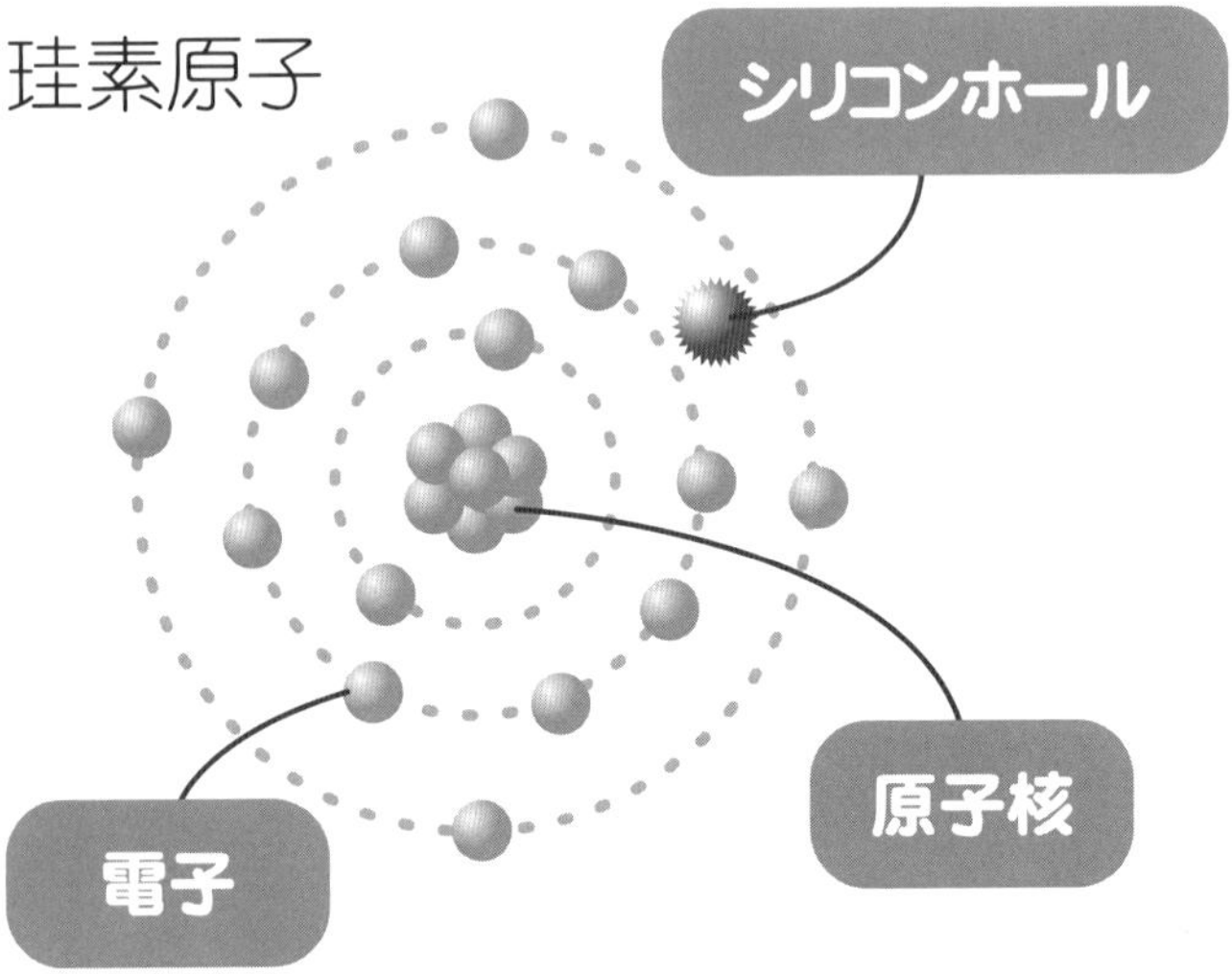

ここからお伝えすることは、私ドクタードルフィンが地球で初めて伝えていることで、今まで知られていないことです。

実は、珪素は宇宙にある原子の中で唯一、原子内に**ブラックホール**を持っています。

どの元素も中心に原子核があり、原子核の周りを電子が回っています。珪素という原子には14個の電子があるのですが、電子の軌道である3つの電子殻の間に、強力なブラックホールがあるのです。

このブラックホールを、「**シリコン**

ホール」と名付けました。

シリコンホールは、宇宙の叡智エネルギーを受け取ることができる特殊なポータルで、受け取る宇宙の叡智エネルギーを人間に必要な身体の叡智エネルギーに変換して送り出します。

つまり、珪素の強力な集合体である松果体は、驚くべき能力を備えたシリコンホールを有しているため、変換器としての役割を担っているのです。

これから人間が進化・成長していくためには、松果体の主要構成成分である珪素のエネルギーレベルを増していく、つまり質と量を上げることが重要です。

人間がこれからするべきことを一つだけ選びなさいと言われたら、こう答えます。

「**松果体を活性化しなさい**」

これしかないのです。

地球医学が見落としているもの

医師の立場から、これから地球人が大切にするべきものについてお伝えします。

面白いことに、今の医学や科学で、人間にとって現代ではあまり必要ではないと思われている器官、人間にとってもはや存在意義がないとされる器官が、実は重要な鍵を握っているのです。

その一つは、**虫垂**、いわゆる盲腸です。

次に**胸腺**、そして最も重要なのが、脳の奥にある**松果体**です。

それぞれの機能が曖昧なため、現代では雑な扱われ方をしていますが、これからの人間の進化に必要な器官なのです。

さらには、細胞内にある**ミトコンドリア**も、人間が活動するための動力エネルギーを生み出すという大切な役割をもっています。

虫垂も胸腺も松果体も、昔の人間のそれと比べると、どんどん小さくなってきています。

ミトコンドリアは、その数自体が減少しています。細胞の中でエネルギーを生み出す役割を担っていますが、数が減っていることで、自分でエネルギーを作れない状態になっています。そのためサプリメントや健康食品、身体にいいものを食べて補うのです。

ミトコンドリアが元気であれば、最小限の食料で自らエネルギーを作るので、本来はサプリなども必要ないのです。

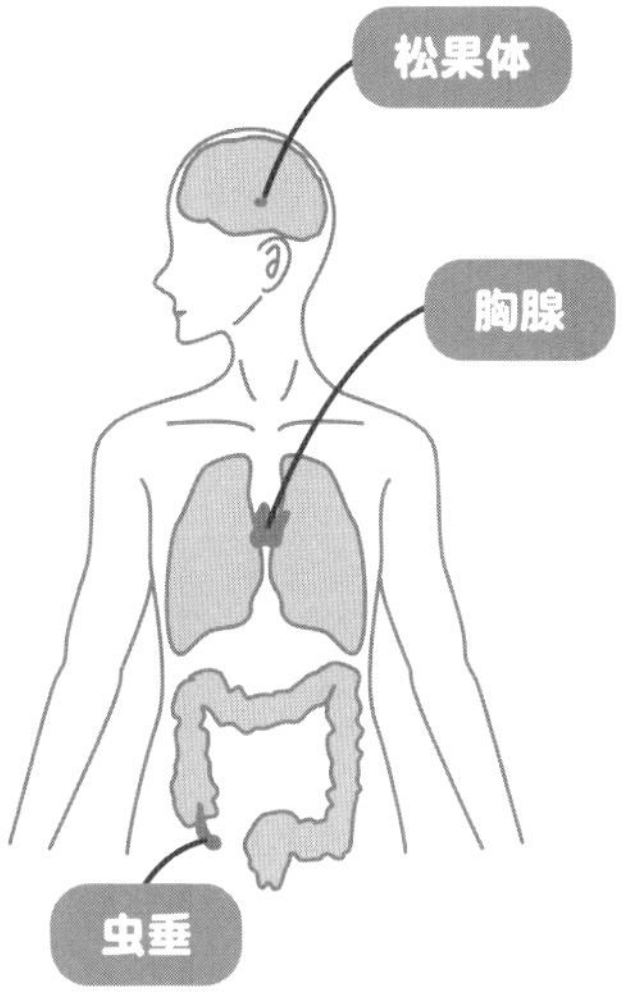

胸腺は免疫をコントロールする司令塔、虫垂は免疫を担う細胞を産生する工場、ミトコンドリアは生きるエネルギーを産生する工場です。これらはすべて、松果体が活性化すれば、同様に強力に活性化します。

宇宙と繋がるポータルの働き

松果体の珪素の度合いと能力を増して、松果体をどんどん活性化させることで、珪素原子の集合体としてのシリコンホールを巨大化・強力化させることができます。

シリコンホールというポータルのおかげで、私たちは宇宙の高いレベルのエネルギーと繋がることができます。

また、シリコンホールは人生と身体を構成する高次元多重螺旋ＤＮＡ情報の乱れを吸収（イン）し、それを修正するエネルギーを放出（アウト）します。

珪素中のシリコンホールには二面性があり、イン・アウトの両方の能力をもちます。シリコンホールが巨大化して形成される宇宙のブラックホールも同じ性質で、イン・アウトの両方の働きをもちます。

◉ホワイトホール（アウト）

松果体の役割の一つ目は、宇宙の大元であるゼロポイントに近い、非常にエネルギーのレベルが高いところに、瞬間的にアクセスすることです。

松果体が活性化すると、珪素の量が増え、濃度も高くなっていきます。活性化の度合いに比例して松果体の能力が高くなっていくと、宇宙と繋がる出入り口であるポータルがどんどん開いていきます。

そして、シリコンホールを通して、瞬間的にアクセスする地点が、どんどん宇宙の大元に近づいていきます。大元に近づけば近づくほど、高いレベルの知識・情報が、松果体にすっと入ってくるようになるわけです。

松果体のシリコンホールに宇宙レベルの情報が入ってくると、松果体の中で、エネルギーのレベルを身体レベルに変換し、その変換した情報を、神経を通して身体中の細胞に与えます。同時に、脳の中心から脳の四方八方へとこのエネルギーが放射され、周辺の脳細胞にも放射されます。

こうして、身体の隅々に、高い宇宙の叡智が放出されます。

これが、松果体の〝アウト〟の働きです。この役割を、シリコンホールの**「ホワイトホール」**と名付けました。

なぜなら、向こう側の高次元振動数が低次元の人間振動数に落ちてくるとき、シリコンホールを通して、高次元エネルギーの発する白色が表出するからです。

地球上に高次元のエネルギーが地球次元に降り注ぐためには、振動数を落とす必要があります。このとき、松果体のポータルであるシリコンホールを通して、高次元のエネルギーが、光り輝いて白く見えるのです。

宇宙の叡智である高次元エネルギーが降り注がれると、地球次元でいう「良い」「悪い」というエネルギーは共存関係にあることを受け入れるようになります。つまり、判断をしなくなります。

だからこそ、すべて「これでいいのだ」となるのです。

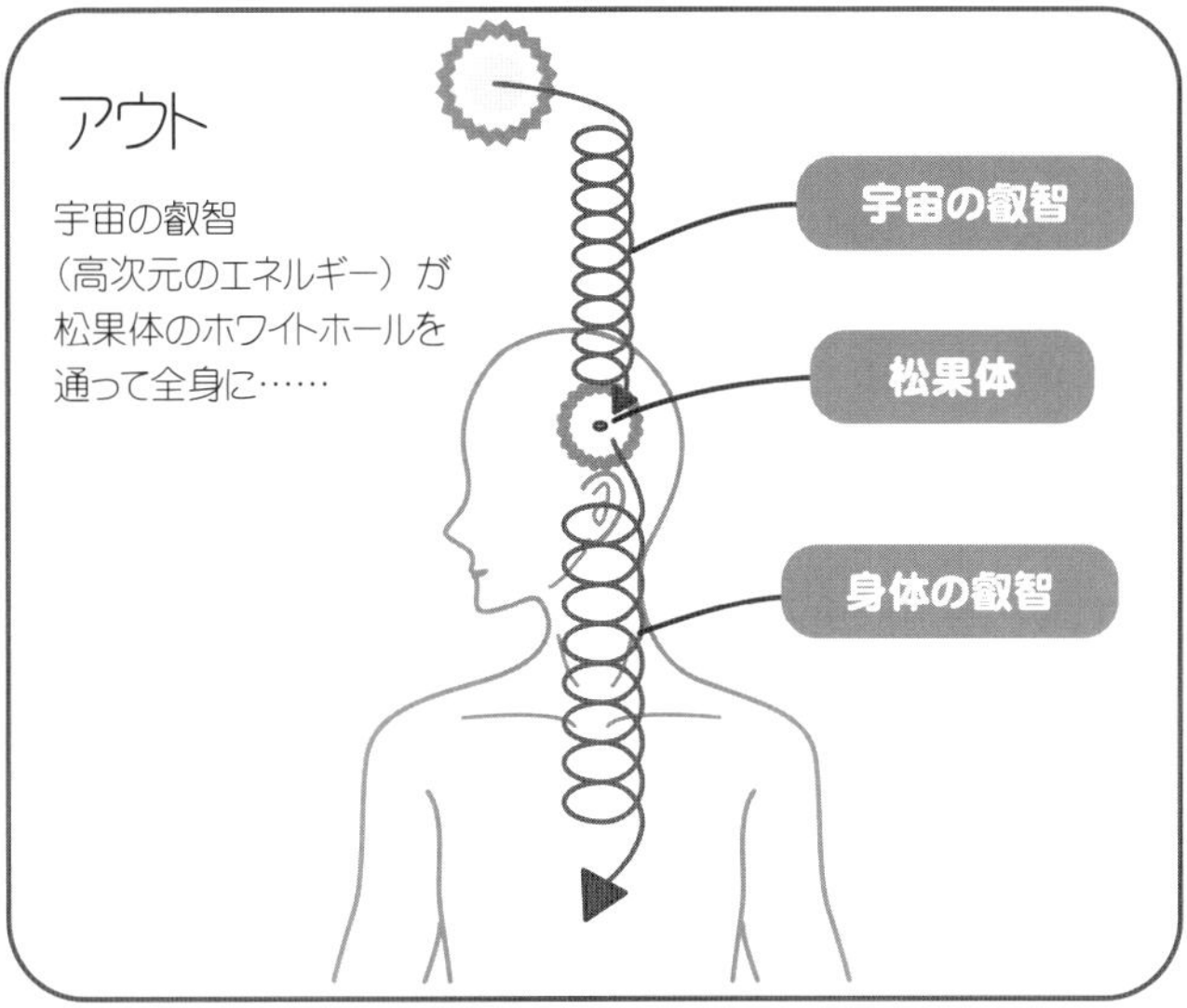
アウト
宇宙の叡智
（高次元のエネルギー）が
松果体のホワイトホールを
通って全身に……
宇宙の叡智
松果体
身体の叡智

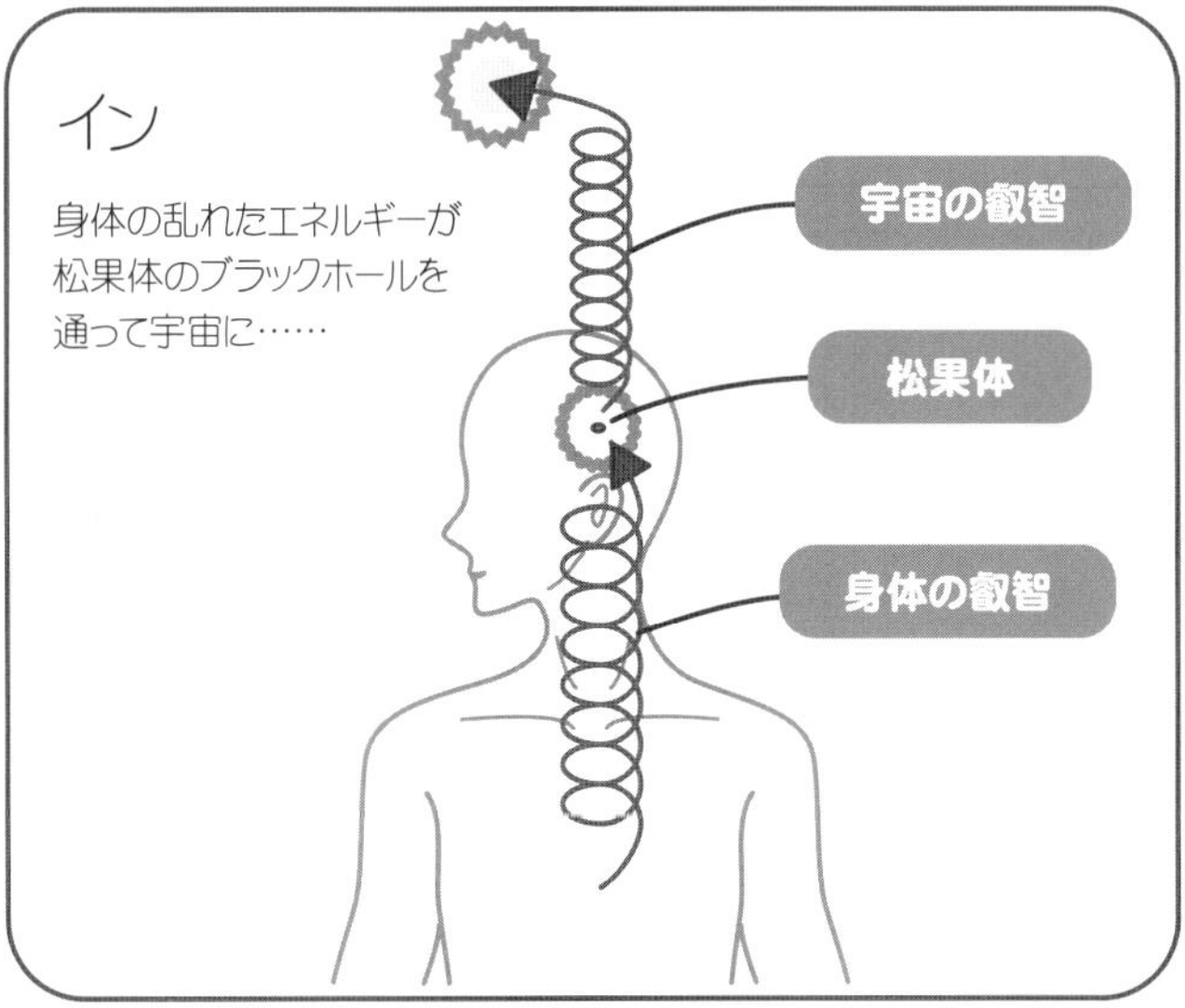
イン
身体の乱れたエネルギーが
松果体のブラックホールを
通って宇宙に……
宇宙の叡智
松果体
身体の叡智

◉ブラックホール（イン）

二つ目の松果体の役割は、一つ目の方向とは反対方向のエネルギーの流れです。

自分の身体の低いエネルギーを吸い取って、それを宇宙に送るという働きです。これが松果体の〝イン〟の働きです。

人生と身体の問題のデータを吸い上げて、データを構成する振動数の乱れたエネルギーが「こういう情報ですよ」と宇宙の大元に知らせ、それを修正するために必要なエネルギーを引き出すのです。

自分の人生や身体のシナリオを書き込んだＤＮＡの乱れを、松果体にインして宇宙に繋げる役割が、シリコンホールのもう一つの働きです。そうして、ＤＮＡの乱れを修正して書き換えるために必要な宇宙の叡智が引き出されます。

これは、シリコンホールの〝イン〟としての働きであり、**「ブラックホール」**として機能します。

このブラックホールは、こちら側からは、黒に見えます。そう、エネルギーを吸い取

松果体のアウト＝ホワイトホール

地球人のあるべき「楽で愉しく生きる」ために必要な宇宙の叡智を、身体の叡智として人間に届け、ＤＮＡ情報を修正、書き換えて、気づきや学びを生み出す。

松果体のイン＝ブラックホール

乱れを修正するのに必要な宇宙の叡智を引き出すため、人生や身体のシナリオを構成するＤＮＡの乱れを宇宙の叡智に知らせる。

って、高い次元に入るときの流れの色は黒いのです。

アウトとインの二つの働きがあることで、魂は、本当に必要な知識・情報を手に入れることができます。

この働きが悪くなるということは、電波が届かないところでスマートフォンをいじっているようなもの。スマートフォンに保存してあるデータ以外は利用できない状態になってしまい、写真を撮ったり、メッセージの下書きはできるものの、肝心のメッセージの送受信ができず、ウェブ上にある動画やサイトには、一切アクセスできなくなる。

松果体が活性化していないと、これと似たような状態になるのです。

脳と松果体ポータルの関係

松果体を活性化させる秘訣は、アウトされる宇宙の叡智の質を上げること。つまり、より自分のゼロポイントに近い、より高い振動数の自分のエネルギーにアクセスすることです。

そのためには松果体のシリコンホールから成るポータルを開いて、ネガティブなインを修正し、ポジティブなアウトを増やしていくことが大切です。

そのために、いろいろな方法がありますが、セルフワークをすることもおすすめです。そして何よりも、人生や身体のすべての体験を「これでいいのだ」と受け入れることです。

ここで一つ問題があります。

それは、今の私たちの脳の使い方です。

今の世の中で、私たちが日常的に行っている、〝考える〟という行為は、実は地球次元のもので、松果体が関与しない行為です。

本当はわざわざ考えなくても、答えは松果体に舞い降りる宇宙の叡智に全部あります。

問題なのは、「こうあるべきだ」と〝考える〟エネルギーが、左の松果体と左の地球脳で受け入れる**左回りの左螺旋エネルギー**だということ。左螺旋のエネルギーはポータルを閉じてしまうのです。

反対に、現在の自分の状況はすべて自分が選んだ設定だと受け入れるエネルギーは、右の松果体と右の宇宙脳で受け入れる**右回りの右螺旋エネルギー**です。

松果体のポータルを開くのは、右螺旋のエネルギー。しかし、〝考え〟始めると、そのエネルギーは左螺旋のエネルギーになってしまいます。

多重螺旋のＤＮＡも、選択した設定どおりのシナリオで生きていると、螺旋は右回りのまま維持されるのですが、今の自分を否定して生きていると、左回りの左螺旋エネルギーが生じ、ＤＮＡ螺旋が絡んでしまいます。

考えずに「これでいいんだ」と受け入れる右回りの右螺旋エネルギーによって、絡みをほどくことが可能になるのです。

神聖幾何学から紐解く「珪素の秘密」

珪素という元素が、なぜシリコンホールとしてブラックホールとホワイトホールの能力を持っているのかは、大きな謎です。

原子核があり、その周りを電子が回っているという基本的な構造は、他の元素も同じです。電子14個の珪素のみがブラックホールという能力を持っていることは、ミラクルでありミステリアスです。

珪素は、宇宙の誕生・消滅にも関わっている元素です。宇宙新生、惑星ができるときに珪素が大量に発生します。また、惑星が消滅するときにも、最後に珪素が残ります。最初と最後のどちらにも存在していることからみても、珪素は宇宙の存在そのものに欠かせない重要な元素です。

また、最小単位の生命体といわれている「ソマチット」も珪素から生まれています。

生命も惑星も、誕生するところには珪素があり、珪素があれば、宇宙を構成するすべての要素を生み出すことができるのです。

世の中のありとあらゆるものはエネルギーであり、すべてのエネルギーには共通のルールがあります。

たとえば、炭素を素材とした、タンパク質にしても炭水化物にしても脂肪にしても、物質を作るためのルールがあります。これらは目に見える世界の物質ですが、目に見えない世界にもこのルールがあるのは当然です。

つまり、目に見えないもののエネルギーの結果の先に、目に見える世界があるので、目に見えない世界にもともとのルールがあるということです。目に見える世界というのは、あくまでもその結果として存在しています。

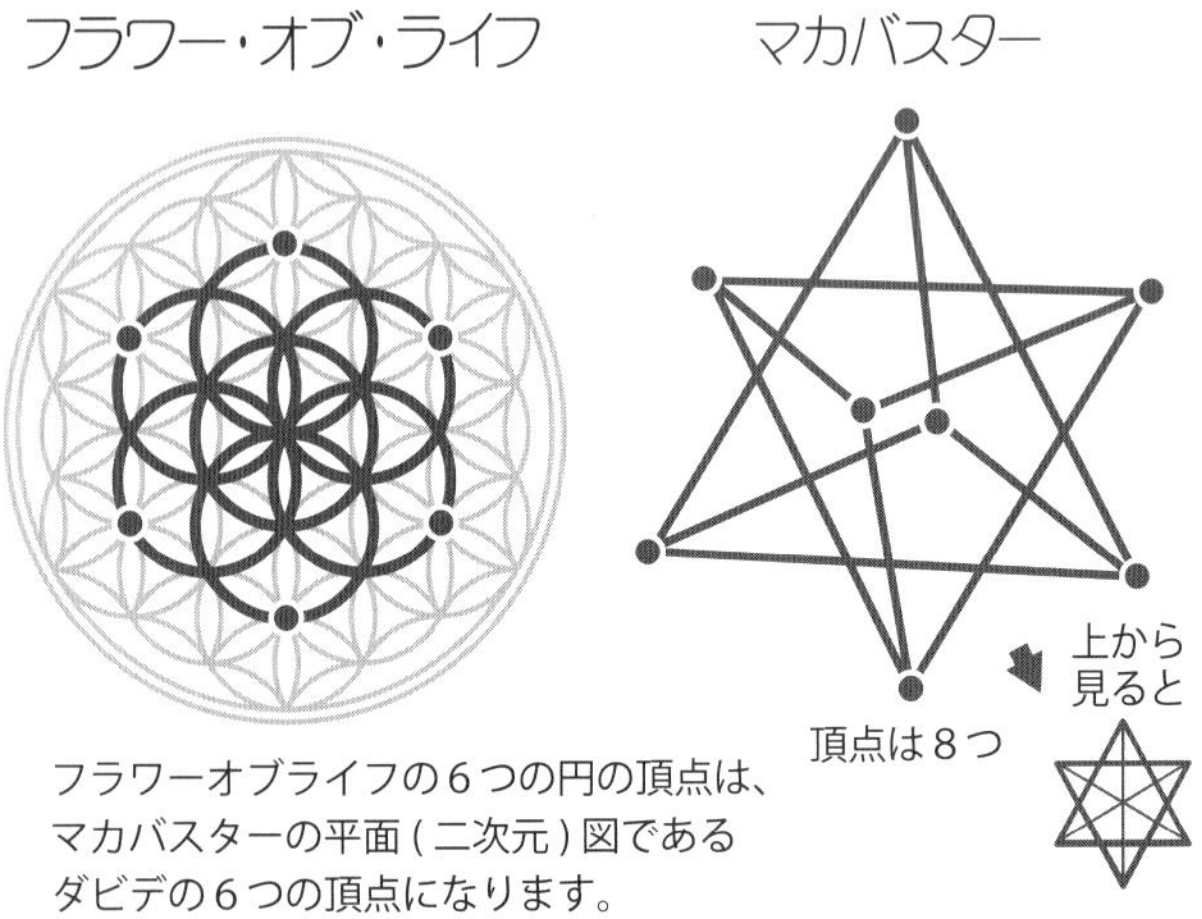

そのルールが何かというと、**エネルギーの形式・形**です。エネルギーの元となる構造が、そのルールにあるのです。

それが、「フラワー・オブ・ライフ」に代表される、**神聖幾何学模様**です。

特に、フラワー・オブ・ライフの模様について研究されている方々によると、模様自体が「エネルギーの構造」とのこと。

フラワー・オブ・ライフの幾何学模様の中心をゼロポイントと考察すると、珪素のシリコンホールが、ゼロポイントと同じエネルギー構造をしていることが解明されるはずです。

フラワー・オブ・ライフは二次元の平面図

形ですが、それを三次元の立体にすると、正四面体を二つ合わせた「マカバスター」構造になります。

マカバスターとは、上下を向いた二つの正四面体が重なった形状をしており、真上から見ると頂点が6つに見えます。フラワー・オブ・ライフの図形の中心部分の形が、まさにこの形状です。

ですから、エネルギーの構造、エネルギーの大元は、三次元として空間で見ると、マカバスターであるといえるのです。

マカバスターは、正四面体二つから構成された立体なので、実際には頂点は8つあるため、電子を8つ生み出す能力をもちます。

珪素のシリコンホール、ゼロポイントなど、宇宙と生命の構成要素で要《かなめ》となるものは、すべてマカバスターの形をしています。この形であることで、特に電子を8つ作る能力が非常に高いのです。

シリコンホールは電子を生み出します。実際のところは、あらゆる数の電子を生成することができ、その結果、ありとあらゆる元素と原子、そしてすべての物質を生み出すことができます。

このシリコンホールの能力を「原子転換」、または「物質転換」といいます。また、ある原子を別のある原子に変換する能力も、「原子転換」といいます。

そして、シリコンホールのマカバスターの性質により、8つの頂点から出る8つの電子を放出する能力に、特に優れています。

人間は炭素でできています。この炭素原子は、原子番号6で電子を6つ持つ炭素が、シリコンホールから電子を8つ受けて、電子は14個となり、原子番号14の珪素原子に変換されます。

珪素のシリコンホールは、人間エネルギーを炭素から珪素へ変換させ、珪素（水晶）化させるのです。

人間を炭素で作ったのは、人間を次元上昇させるというシナリオがあったからこそでしょう。松果体が活性化して珪素化するという正の循環により、さらに強力に松果体が活性化していくと、次第に食べる必要も眠る必要もなくなっていくのです。

叡智の伝わり方

私たちの身体の60兆個の細胞は、それぞれ細胞膜に包まれていますが、この細胞膜にも、多くの珪素が含まれています。

そして、細胞膜の表面には「レセプター」と呼ばれる、情報の受け渡しをする窓口である受容体があります。

現代科学の知識では、神経端末から、アセチルコリンやノルアドレナリンといった神経伝達物質が放出され、レセプターがそれを受け取り、細胞に必要な信号を伝えるということになっています。

ところが実際には、細胞間で振動数を伝達しているだけであり、その振動数を渡す際の副産物として、神経伝達物質が生まれているのです。

実際にここで受け渡されているものは、**振動数そのもの**です。松果体から神経を伝わってきた身体ソウルウェイブのエネルギーの振動数が、レセプターに受け取られているのです。

先述したように、松果体が受け取った宇宙ソウルウェイブは、松果体で変換されてから、身体ソウルウェイブとして神経を伝わっていきます。神経細胞の神経端末から、シナプス（神経と神経を繋ぐ橋渡し構造物）を経て、末端の細胞の細胞膜表面にあるレセプターへとそれぞれ伝達されますが、そこではすべて振動数を受け渡しているのです。

最終的に、振動数エネルギーは、一つひとつの細胞に到着し、細胞膜のレセプター中の珪素のシリコンホールに行きついた振動数が細胞の中のミトコンドリアにまで渡り、ミトコンドリアのレセプター中の珪素のシリコンホールに到着します。そして必要なエネルギーが生み出されるのです。

また、その振動数エネルギーが細胞内の核に届けられ、ＤＮＡに作用することにより、たんぱく合成を促し、身体細胞を作り、またその変化を生みます。

このように、一つひとつの細胞にある珪素のシリコンホールも、それぞれ小さなホワイトホール・ブラックホールとして機能していて、細胞を維持・進化させているのです。

今までの地球の科学において、レセプターという概念は最先端といわれていました。さまざまな神経伝達物質が神経末端から放出されて、細胞のレセプターに受け取られ、受け取られたら化学反応が起きて、合成された物質が放出されるというのが、今までの理論です。

しかし、「目で見えるもの」「測定できるもの」は、所詮、高いエネルギー振動数から作り出た、低い振動数を見ているだけなのです。

高次元科学では、珪素のシリコンホールが鍵となります。

時空間を超える扉

地球人は、時間と空間と重力に縛られています。

重力に縛られると、人間のエネルギーの本質である螺旋振動波は、地球の中心に向かって、一定方向にしか向かない状態になります。

実は、地球に向かって引き寄せられていくという状態が「時間」と「空間」を作っています。しかし、自分の振動数エネルギーを自由に上げることができるようになると、その方向性は自由度を増し、時間と空間に縛られない状態を手に入れることができます。

時間と空間というのは、「自分の身体が今ここにしかない」という幻想に基づいてできる概念です。

「私は今いて、今以外にはいない」「私はここにいて、ここ以外にはいない」という概念は、自分という存在は〝今ここにしかいない〟という**幻想**です。

素粒子のレベルでは、魂の意識エネルギーは、今にも過去にも未来にも、ここにもあそこにも自分はいて、今ここを選ばされているだけという状態です。

松果体が不活性化していると、重力に縛られ、時間と空間の枠に閉じ込められます。

反対に松果体が活性化してポータルが開くと、自由に多次元・パラレルの自分宇宙を選べるようになり、自由にどこの自分にも飛べるようになります。なぜなら、自己を構成する振動数が高くなるので、重力から解放されて時間の枠が薄くなり、空間の枠が薄くなるからです。

松果体は、時空間を超えるための、唯一の扉なのです。

ちなみに、松果体が活性化して、エネルギー振動数が高くなることで、自由自在に空も飛べることが可能になります。これは、重力に縛られることがなくなることで、反重力の状態が生み出されるからです。

これが、ＵＦＯの浮いている原理です。

松果体が「引き寄せの法則」を成功させる

今や多くの人が知ることとなった「引き寄せの法則」は、間違いなく宇宙の大元からの法則の一つであり、何か望みを手にしたい時には、とても有効な方法です。

しかし、この法則を始め、さまざまな成功哲学を学んで実行してみても、なかなか望む結果を得られない人がとても多いというのが現実です。

どうしてこのようなことが起こるのでしょうか。

それは、頭でその法則を学んで理解したとしても、宇宙の叡智とは繋がらずに、常識と固定観念、自分の今生以外の知識・情報、さらに自分以外の意識による知識・情報が優先した状態だからです。それでは、スピリチュアルな成長を遂げるどころか、もがき続ける〝ガチガチ地球人〟度が加速してしまいます。


引き寄せの法則を成功させたいのであれば、まず**松果体を活性化**させなくてはなりません。そして、宇宙の叡智と繋がる必要があります。

松果体が不活性化したままでは、ポータルが閉じたままですから、変化を望んでもうまくいきません。

どんなに努力して「引き寄せ」や「自己啓蒙」を勉強しても、松果体のことを知らずに活性化しないままでは、未来は思いどおりにならないのです。

地球で最もお手本の「バカボンのパパ」

ではどうしたら、松果体を活性化させられるのでしょうか？　ガチガチ地球人から脱出し、宇宙と繋がり〝もがかず〟に生きるためには、どうしたらいいのでしょうか？

それは、今ここで自分が体験している人生や身体を、すべて「これでいいのだ」と受け入れることに尽きるのです。

そうです、バカボンのパパのように**「これでいいのだ！」**です。バカボンのパパは、地球最強のお手本のパパなのです。

なぜならば、その人生や身体は、魂の意識が松果体を通して人間個体を選ぶときに、自分で選んだシナリオだからです。

受け入れることで、選んだシナリオが正しく機能し、または絡んだシナリオがほぐれて書き換えられることで正しく機能し、シナリオが完結することで、松果体はますます活発に働いてくれるようになります。

そうなると、松果体のシリコンホールであるポータルが開き、高次元の宇宙の叡智が流入し、自分が望むシナリオに書き換えることができます。

または、望む自分が存在する多次元・パラレル自分宇宙を自由に選択することができます。

それは、まさに**「革命」**です。革命を起こす、つまり自分が望んでいる理想の未来を手に入れるためには、松果体を活性化させることが最優先なのです。

そうはいっても、「これでいいのだ！」が難しいという方もいらっしゃるでしょう。

そんなときは、5章で紹介する「松果体を覚醒させるコツとテクニック」を実践しながら、小さなことでいいので、今の自分を受け入れることからトライしてください。

小さなきっかけが掴めたら、そこを足がかりに、突破口は開くはずですから。

4章
解き明かされる松果体

司令塔としての松果体

身体をコントロールして指令を出しているのは脳であると、一般的には考えられています。しかし、身体のみならず人生に対して指令を出しているのは、目に見えない高次元12重螺旋ＤＮＡの情報と、そこに働く宇宙の叡智です。

実際は、松果体を通過する宇宙の叡智が、人生と身体を規定する12重螺旋ＤＮＡ情報の指令をコントロールしています。しかし、この事実は世の中のどの本にも書かれていません。

現代人の胸腺や虫垂、ミトコンドリアはどんどん弱っているとお伝えしましたが、その理由は、**松果体が弱っているから**に他なりません。

松果体は、「〇〇という免疫細胞を作りなさい」といった胸腺に対するＤＮＡ指令に対して、監視して調整します。また、「〇〇という免疫細胞を出しなさい」という虫垂に対するＤＮＡ指令、「これだけエネルギーを作りなさい」「今は休んでいなさい」「働きなさい」といった、ミトコンドリアに対するＤＮＡによる命令や指令も、すべて松果体が監視して調整をします。

ところが、松果体自体が衰弱してきたことで、胸腺も虫垂もミトコンドリアも、本来の能力を発揮することができなくなっています。その結果、すべてがしぼんで小さくなりました。

松果体が衰弱すると、ミトコンドリアがエネルギーを生み出さなくなるので、身体全体のエネルギーが低下します。疲労を感じたり、回復力が悪かったり、冬場に寒さを極端に感じる現代人が増えているのは、そのためです。

アレルギー、アトピー、喘息、リウマチ、膠原《こうげん》病、ガンも、免疫の乱れが関与します。

胸腺や虫垂への監視と調整がなされていないので、過剰に働いたり、働かなくていいところに働いたり、働くべきときに働いていなかったりと、免疫が機能していない結果が、症状となって現れているのです。

松果体が元気になれば全部よくなります。特に、免疫機能とエネルギー産生に、松果体は大きく関係しています。

免疫機能とエネルギー産生が正しく働いていることで、私たちの身体の健康は維持されます。健康という側面から見ても、松果体を元気に活性化させることの価値は、十分に理解できます。

松果体を弱らせる毒

今の時代に入り、物質社会でもがいてきた地球人が少し進化し、魂の振動数が上がり始めたことで、心と身体が喜んでも魂が喜んでいないということに、人々が気づくようになっています。そして、霊性社会への扉が開かれようとしています。

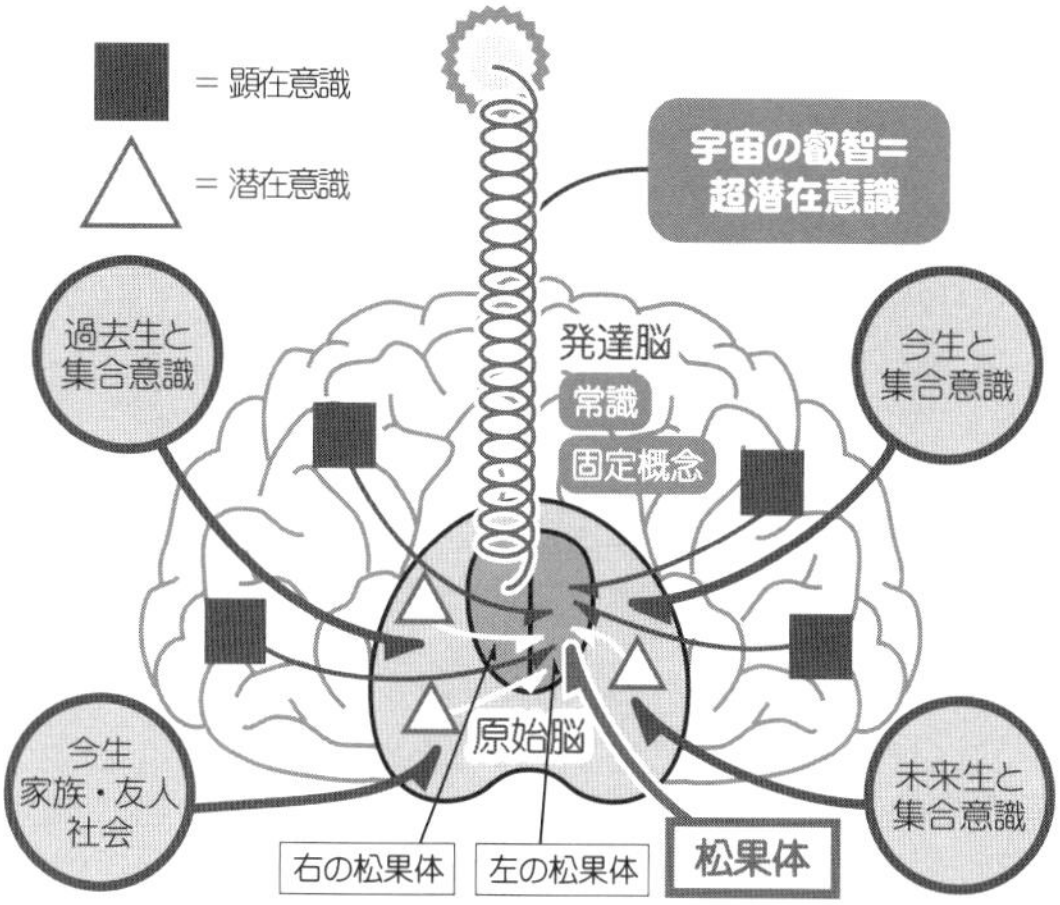

魂を喜ばせるためには松果体を活性化する必要がありますが、今までずっと隠されてきたことなので、松果体の本当の価値や役割についての正しい情報は少ないのです。

古代人と異なり、現代人は脳が発達してしまったため、脳に蓄積された知識や情報で物事に対応しようとします。それらが、常識や固定概念を作り出します。また、自分以外の意識たちが作り上げた集合意識に影響されてしまいます。

常識や固定概念と集合意識によって生まれるたくさんの「雑念」が、宇宙の叡智から成る直感の働きを邪魔します。その結果、

「こうでなくてはならない」「こうならなくてはならない」ともがいて生きています。これでは、松果体は弱っていく一方です。

せっかく人間は大きな受信機である松果体を持っていて、そこからまっすぐ下へ伸びた神経という経路を使って一気に全身に情報を流すことができるという、とても効率のよい叡智システムを持っているのに、今は、ほとんど眠ってしまっています。

その点、動物たちは脳で考えるということをせず、常識や固定観念が弱く、雑念が少ないため叡智が働きやすく、自然と共に過ごすことができます。中でもイルカは、本能である叡智と、集合意識を穏やかに取り入れる「今ここ」だけの感情だけで生きています。そのため松果体や原始脳が明らかに大きくて、発達脳である新皮質は少ないのです。

人間ほど脳が発達すると、3次元の地球社会では生きやすく便利なのですが、逆に宇宙の叡智とは繋がりにくくなります。その結果、自然と共に生きることが難しい、文明に偏った生命体になってしまったのです。

さらに、松果体が弱ってしまった要因としては、「太陽を見たら危ないですよ」という情報が挙げられます。5章で詳しくお話ししますが、太陽を眺めることは、珪素の振動数を上げて、松果体を活性化させます。しかし見事に誰もが誤った情報に染まってしまっています。

そのほか、松果体を不活性化させている物質があります。

それが、**水銀**と**フッ素**です。

水銀はワクチン（予防接種）に、フッ素は歯磨き粉に入っています。現代人は医学、社会、マスコミの情報を信じて、これらを大量に摂取してしまっています。

なぜこれらが松果体を不活性化させるのでしょうか。なぜなら、水銀とフッ素の振動数は、珪素の振動数を乱す振動数を持っているからです。

また、水銀の振動数は、脳や神経細胞を傷つけてしまいます。ワクチンを注射するのは、とても危険なことなのです。

松果体の変貌の歴史

現代の成人の松果体の大きさは、約7～8ミリ。赤ちゃんの時はもう一回り大きいのですが、大人になって常識と固定観念を成す脳の知識・情報ばかりを使うことで、松果体はどんどん働かなくなり、小さくなります。

しかし、私たちの祖先である超古代人の松果体は、2センチもしくは3センチぐらいありました。その大きさは、イルカの松果体と同じくらいであったと考えられます。

超古代では、顕在意識を取り扱う大脳皮質がかなり小さく、さらに集合意識を成す潜在意識を取り扱う原始脳は今ほど大きくなく、宇宙の叡智を取り入れる松果体は大きく、活発に機能していたと考えられます。

この時代は、余計な知識や情報を刷り込まれていなかったので、目に見えないものを大事にしていました。そして、複雑なことを考えたり悩んだりすることなく、目に見えない存在を尊敬し、自然とともに生きていたのです。そのような生活の営みの中では、松果体は本来の役割をしっかりこなし、活性化した状態を維持できたのです。

日本をはじめとする世界の人類と宇宙の叡智との繋がりが弱くなったのは、明治維新の頃からです。本当は、日本の霊性は世界をリードするべきなのです。

江戸時代までは、目に見えない世界や、超能力や神通力などが普通に存在していました。時代の流れでだんだん抑圧が強くなっていましたが、江戸時代の終わり頃までは、まだ目に見えない世界観が認められていました。

そして、黒船来航です。目に見える物質のエネルギーが高まったのです。

明治時代からは、エビデンスという考え方が世の中に入ってきて、目に見えるものでないと信じてはいけないという考え方に塗り替えられていきます。この頃から、松果体が小さくなっていきました。

人類はだんだん文明化するにつれ、実利主義が進み、知識や情報で物事を考え、過去の事例で考えるようになり、常識や固定観念が生まれました。常識や固定観念が出てくると、それらが松果体の活動をブロックするので、どんどんと松果体を使わなくなってしまいます。そうして使われなくなった松果体は、どんどん小さくなっていったのです。

江戸時代の頃の日本人の松果体は、今より大きかったと思われます。直径10～12ミリくらいあったと予測できます。

そこからどんどん小さくなっていき、悪循環のループに入ってしまいました。脳を使って理屈や理論で考えていけばいくほど、松果体は不活性化の一途を辿り、現代では、左の松果体主体で、左脳（地球脳）的なものの考え方がさらに優位な状態になっているのです。

高次元生命体と松果体

超古代人が信じて崇めていた目に見えない**高次の存在**は、**高次元地球外生命体**すなわち宇宙人や、人々の集合意識で形成される神や天使のエネルギーです。高次元の生命体やエネルギーが、地球にもっと直接関与していた時代があったのです。

高次元生命体が関与していた超古代という時代。彼らがメッセンジャーとなって、**宇宙の叡智**を超古代人に直接伝えていました。

超古代の地球人たちの松果体は活性化していたため、高次元の情報を受け取ることができ、いろいろなことを学べていたのです。

まさに宇宙の本質の情報。宇宙の叡智そのものです。

ところが、状況は変化します。高次元の存在は、地球人類が発達し成長するためには、自分たちが関与するのではなく、地球人類自身に任せたほうが効率が良いという判断で、地球から離れていきました。

その後、とても長い期間、人類は彼らと直接の交流がなかったわけですが、また彼らが再び関与する時期がやってきました。

宇宙人や神が、また、戻ってくるのです。

彼らのサポートのもと、松果体が活性化すると、高次元の情報としての宇宙の叡智がどんどん入ってきます。

そうすると、さらに松果体は活性化し、さらに多くの知識・情報を叡智として受け取れるようになるという強力な好循環が生み出されます。

魂のありか

超古代の地球人類は、ほとんど病気になりませんでした。今みたいにガチガチな世の中ではなく、ぷあぷあした穏やかな暮らしの中で、エネルギーは穏やかで柔らかかったのです。

そして何より、松果体が活性化していたため、胸腺も活性化し、虫垂もミトコンドリアも活性化した状態でした。そのような状態であれば、免疫機能も十分に働いていますし、エネルギーも十分なので、病気になどなりません。

また、松果体が活性化すると、松果体と身体は珪素化していきます。より珪素化した身体では、それほど食べなくても、それほど眠らなくても、生活するエネルギーを得ることができました。より自由だったわけです。右の松果体主体で、右脳（宇宙脳）が発達していました。

超古代人たちは、高次元エネルギーから得た知識や情報を、素直に全部取り入れていました。

ちなみに、現代のネイティブ・アメリカンのホピ族たちには、今でもそのような要素が強く残っています。世界中の先住民たちは、文明社会に生きている人間とは異なり、高次元の存在を信じ、常識や固定観念に縛られていない分、松果体が活性化しているのです。

また、松果体が活性化しているイルカは特別な存在であり、とても素晴らしい能力を持っています。彼らは、過去と未来の観念を持ちません。過去の思い出や後悔など一切なく、将来の不安も持たないため、〝今ここを生きる〟エネルギーが強く、楽で愉しく生きる能力を持っています。さらに、複数の感情を同時に持ち、いつでも都合の良い感情で生きることができます。

そのような環境のため、イルカの松果体は、強力なまま維持されています。松果体を使い、テレパシーによる交信で意志の疎通を図りますが、何よりも宇宙の叡智と繋がっています。低次元の情報としては人間のほうが進化していますが、高次元の叡智としては、イルカのほうが人間よりずっと進化している存在です。まさに「楽愉ライフ」を送り、魂の意識そのもので生きています。

偉大な哲学者が唱えた「松果体は魂のありか」とは、まさにそのとおりなのです。

松ぼっくりと蛇、そしてホルスの目の謎

ここでもう一度、脳のイラスト（左ページ）をご覧ください。現代の地球人の場合、発達脳にある自分の今生の常識・固定観念によって形成される「顕在意識」、そして原

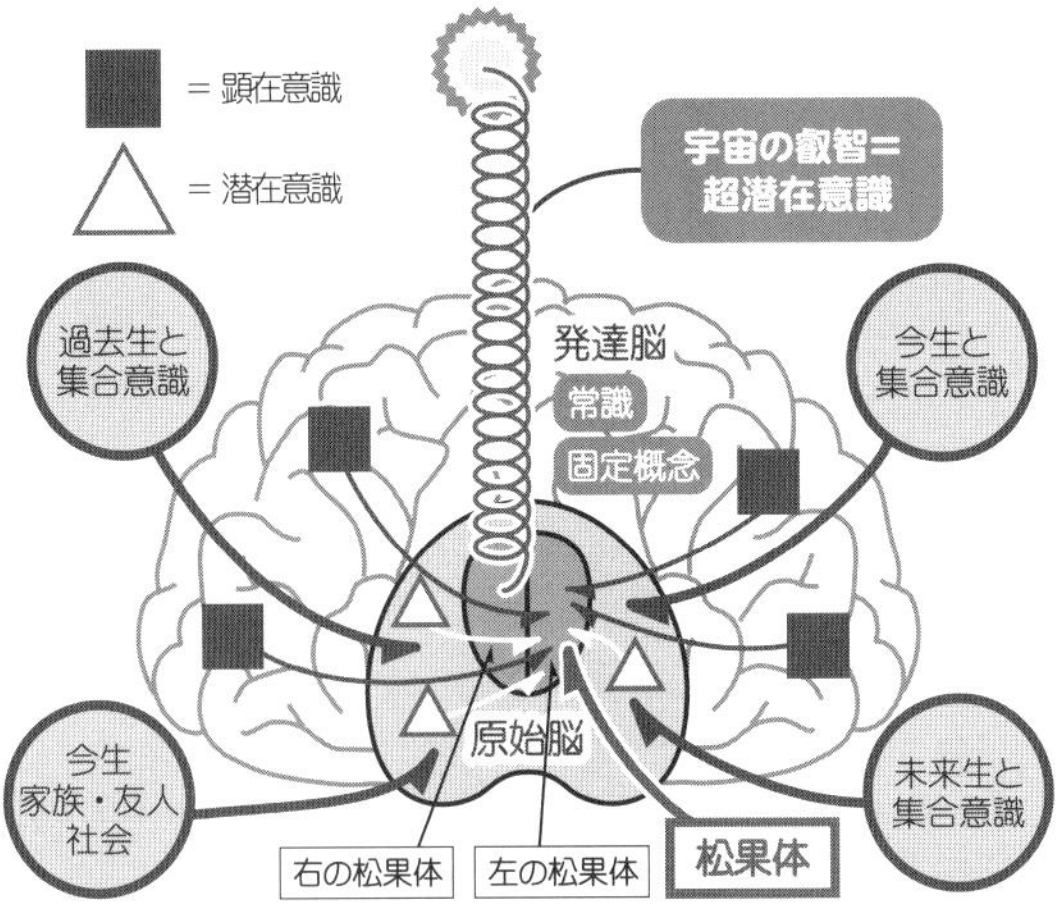

始脳にある自分の過去生・未来生・パラレル生の意識と、自分以外の家族や社会の意識による「集合意識」によって形成される「潜在意識」が、エネルギー干渉として、松果体を攻撃し阻害しています。

「顕在意識」は、大脳皮質から送られてくる発達脳にある知識や情報で、自分で感じる思考です。地球に生まれてから、両親や家族、学校、社会から教わったものをもとに、地球社会における体験の中で培います。

「潜在意識」とは、自分の過去生・未来生・パラレル生の意識と自分以外の意識を含む集合意識を集約した思考です。これは、人間の原始脳に蓄えられます。

この潜在意識を「**亜時空間情報**」と呼びます。亜時空間とは、「亜時間」と「亜空間」の両方を指す言葉です。亜時空間には、宇宙が始まってから今までの、すべての知識・情報が無限大にあり、時間も空間も超えたいろいろな情報がつまっています。自分のゼロポイントからの流れではなくて、「今ここ」の自分以外の流れから来る知識・情報です。

そこには、今ここのパラレルを含む集合意識が存在するので、そのインパクトは強烈です。

1章の『松ぼっくりの謎』の項でご紹介した例を題材に、面白く説明しましょう。

まずは、松ぼっくりを蛇が食べようとしているヘルメスの杖です（54ページ）。

これは、松果体を通る宇宙の叡智である松ぼっくりと、常識や固定観念、過去生・未来生・パラレル生の自分意識と自分以外の意識である亜時空間情報の関係を物語っています。

つまり、松果体が松ぼっくりで、まさに蛇が宇宙の叡智の取り込みを阻害する「常識・固定観念」と「亜時空間情報」なのです。

私たちの魂の意識は、魂の進化・成長にとって必要な乱れを〝あえて〟選んでいるので、乱れたDNA情報を松果体にインすることは当然のこと。そのあとに、乱れを正すための情報をアウトするのが、本来の松果体の機能です。

これは、松果体が活性化している状態であれば機能します。ところが、〝蛇〟が邪魔してくることで、宇宙の叡智を適正に受け取ることができません。邪魔なエネルギーが、松果体のポータルを閉じるのです。こうした邪魔なインが入れば入るほど、優れたアウトが得られにくくなってしまいます。

まさに、松ぼっくりが蛇に食べられているような状態が、日常的に起こっているわけです。

次は、ホルスの目に注目しましょう（53ページ）。

『ホルスの左目』は、常識・固定観念と亜時空間情報の象徴です。

それらと繋がっているのが左の松果体。「潜在意識」のありかです。

潜在意識は、原始脳にある知識や情報を指し、自分が感じていなくても自分の中で働いている思考です。これは、今ここの自分以外の「隠れた自分意識」と自分以外の「集合意識」によって創り出されたものです。自分の過去生・未来生・パラレル生の体験や、超古代の情報、そしてパラレルワールドの情報と、自分が存在する世界の情報です。『ホルスの左目』として、がんじがらめな常識・固定観念と亜時空間情報が松果体にインします。そうした乱れたインをもとに、高次元の知識・情報は、『ホルスの右目』として松果体にアウトします。

左右の松果体では、繋がっている情報が違うのです。そして、左右の脳は、それぞれ左右の松果体と関連性を持ちます。

右脳は、右の松果体と関連し、直感・感性の脳で、宇宙感覚の「宇宙脳」。

左脳は、左の松果体と関連し、理論・理屈の脳で、地球感覚の「地球脳」。

右の松果体を通して取り入れられる宇宙の叡智が「超潜在意識（宇宙意識）」です。

それは人間一人ひとりにとって、自分の魂の意識エネルギーを進化・成長させるため、強力で最適な知識と情報です。自覚しない意識ですが、超潜在意識（宇宙意識）が効率よく取り込まれるためには、顕在意識と潜在意識は眠らせたほうがよいのです。

今までの地球社会の成功哲学は、潜在意識を最大限に利用するという教えでしたが、実は、それさえも眠らせたほうがよいのです。

つまり、ああだこうだと考えずに、ただ「これでいいのだ」と受け入れる。瞑想やドクタードルフィンのセルフワークも、その状態へと導きます。

これは、右の松果体で受け止める超潜在意識（宇宙意識）、つまり宇宙の叡智に基づく気づきや学びを生み出す、自分のゼロポイントからくる知識・情報です。

仮に松果体が活性化しても、中途半端に地球レベルの知識・情報を吸収し、中途半端に振動数が上がったレベルでは、松果体の左側が元気に働いてしまいます。そして亜時空間と繋がり、そこからの情報にコントロールされてしまうのです。

松果体を十分に活性化すると、魂エネルギーの振動数は強力に上がります。振動数が上がると、自分の大元の超潜在意識（宇宙意識）と繋がって、宇宙の叡智が働きかけるのです。

数字で紐解く松果体活性化

ここからは数字でみていきましょう。

より高いレベルの宇宙の叡智を受けるようになると、松果体の珪素のエネルギー振動数は、どんどん上がっていきます。そして、その能力が増強します。

エネルギーが上がるということは、原子の振動数が増えるということです。

同じ物質としてのエネルギーの性質を保ったままエネルギーが上がるということは、振動数が倍音、倍数で増えていくということです。

もとの振動数が仮に１００の場合、２００、３００、１０００、１００００と整数倍で増えた状態を「倍音効果」と呼びます。

もとの数が99だったら、１９８、２９７、３９６……。

このように増えれば、物質はもともとの性質を保ち続けます。

ただ、ここから少しでもずれるともともとの性質と共鳴できなくなり、もとの性質から変化してしまいます。

珪素としての倍音効果を保ちつつ、その振動数を上げていくためには、振動数を整数倍で増やしていく必要があるのです。音は、振動数そのものです。

珪素の振動数が高ければ高いほど、その松果体は活性化しており、より高いレベルの宇宙の叡智と繋がることができます。

松果体において、**珪素の体積を増やす＝松果体の体積を増やす**ということは、もちろん大事です。しかしそれだけでなく、松果体の中の**珪素の振動数を上げていく**と、珪素以外の原子がシリコンホールでの原子転換により珪素化して、松果体における珪素の割合が増えていきます。

松果体の珪素の振動数が上がると、頭の中で松果体が震え始めます。振動数が高ければ高いほど、松果体は高いエネルギーで震えるのです。

震えるという状態は、最初は熱いエネルギーを感じさせますが、さらに高い振動数になると、ただ単にスーっと心地よい状態になっていきます。まさにこのとき、宇宙の叡智が人間に舞い降りるのです。

振動数に関していえば、人間一人ひとり、固有の振動数を持っています。これは、自分が無限大の振動数である宇宙の大元から授かっている個性をもった最初の固有エネルギー振動数の、整数倍分の１の振動数です。

ですから、振動数を上げれば上げるほど、宇宙の大元のエネルギーの高い振動数と共鳴しやすくなります。

地球と宇宙に繋がる振動数

地球の大地と共鳴する周波数・振動数は、シューマン共鳴振動数の７・８ヘルツです。

そして、松果体を活性化する周波数・振動数は**９３６ヘルツ**。

「割ってみなさい」というメッセージがきたので、割ってみました。

９３６÷７・８＝１２０

なんと１２０で割り切れるのです。９３６は７・８の倍数。つまり地球が喜ぶ振動数と、松果体が喜ぶ振動数は、倍数の関係性だったわけです。

「今はこれでいいのだ」と、楽で愉しく宇宙と繋がって、安心して地球で元気に生きるための数式はこれです。

地球・宇宙と繋がる振動数＝９３６ヘルツ（７・８ヘルツ×１２０）×整数

９３６ヘルツ×倍数の振動数で、ずっと螺旋振動数を上げていけば、地球と繋がったまま、宇宙とも繋がれるのです。

そして、１２０という数字にも重要な意味があります。なぜなら、２でも３でも４でも５でも６でも割り切れるという、ちょっと特殊な数字だからです。ここにも宇宙的に重要な意味があります。

地球の共鳴振動数の７・８ヘルツというのは、石などの無機物から植物などの有機物を含めた、地球のすべての生命の意識の振動数が集合した表現です。

そして、宇宙の叡智が松果体で変換され、身体の叡智エネルギーになった直後の振動数は９３６ヘルツ。

これは、身体に適応するように変換した、物質レベルのエネルギーです。というのは、脊髄や各神経を通り、ＤＮＡの２重螺旋に作用するためには、物質的な振動数でなくてはならないからです。

４重螺旋ＤＮＡから12重螺旋ＤＮＡは、目に見えないレベルのエネルギーなので、もっと高い振動数になります。ただし、９３６ヘルツの倍数でないと性質が変わってしまいますから、９３６の整数倍が、４重以上のＤＮＡ螺旋に作用するということになります。松果体を活性化して、宇宙の叡智という高いレベルに繋がっていく場合、松果体を活性化する９３６ヘルツの倍数で、無限大の振動数に向けて増加させていけばよいのです。

高次元ＤＮＡと魂の意識の振動数

ＤＮＡの２重螺旋に作用する振動数が９３６ヘルツ。これを約１０００ヘルツと考えると、**10の３乗ヘルツ**と書き換えることができます。

これは物質に作用できる振動数であり、目に見える物体の振動数です。

人間の生命として周囲に発信される振動数は10万ヘルツくらいです。10万ヘルツは、

10の5乗ヘルツです。これは、一般的に人間の生命エネルギーとしてとらえられます。

完全に見えるレベルというのは10の3乗ヘルツのレベルであり、これはＤＮＡの2重螺旋に作用します。

そして、

10の6乗ヘルツが4重螺旋に、

10の9乗ヘルツが6重螺旋に、

10の12乗ヘルツが8重螺旋に、

10の15乗ヘルツが10重螺旋に、

それぞれ作用していくのです。

さらに、12重螺旋は、人生のシナリオをすべて持っているエリアであり、光を飛び越えるレベルなので、10の18乗ヘルツ以上で作用していることになります。

高振動数のエネルギーは、物質である松果体ではなく、その周りに層として存在する、目に見えないエネルギー存在「高次元松果体」で生成されます。

可視光線は10の14乗から15乗ヘルツの間に存在しています。アセンデッドマスター（高尚な魂を持った天界の住人）や天使などの振動数は、時に見えたり見えなかったりするレベルであり、可視光線または光より少し高い振動数で存在します。

この光の周波数の領域では、霊的現象が体験されます。

魂の意識を成す宇宙の叡智は、当然10の18乗ヘルツ以上の人智を越えたレベルの振動数の世界であると理解できます。

魂とチャクラの算数

地球に生まれる前の皆さんの魂の意識エネルギーの振動数は、10の20乗以上のヘルツです。その振動数で松果体の光を感じ、個体を選択して松果体にソウルインします。

そして、松果体で身体の叡智（身体ソウルウェイブ）に変換され、現代科学で認識できる10の3乗ヘルツになります。それが、脳から背骨の中の脊髄を流れるのです。

それ以上の現代科学で認識されない高振動数ソウルウェイブは、目に見えない高次元松果体を通して、目に見えない高次元神経を流れ、目に見えない高次元ＤＮＡに作用します。このとき、現代科学で認識される身体ソウルウェイブは、目に見える2重螺旋ＤＮＡに作用します。


松果体は、第6チャクラの位置にありますが、エネルギー的には第7チャクラの役割です。宇宙の叡智を受け取るわけですから、まさに第7チャクラなのです。

地球でしっかり足を据えて、宇宙の叡智を取り入れて、身体を持つ人間個体として生きていくには、地球と繋がる振動数である7・8ヘルツの倍数で、それぞれのチャクラのレベルの振動数が成り立つのが理想的です。

チャクラのそれぞれの振動数は、ソルフェジオ振動数（周波数）とも、色とも関係しています。それらの組み合わせが、身体の理想的なトーンを作り、美しいオーケストラを奏でるのです。

　これらのトーンから逸脱するDNA情報は、もともと魂の意識が選択する場合と、自分の魂の意識の設定ではない常識・固定観念や亜時空間情報による場合があります。それらの乱れを、宇宙の叡智が修正するのです。いずれも、高いレベルの宇宙の叡智は、次のようにトーン（振動数）を創造します。

基礎振動数

第7チャクラ：約950ヘルツ（936＝7・8×120）
第6チャクラ：約850ヘルツ（858＝7・8×110）
第5チャクラ：約750ヘルツ（780＝7・8×100）
第4チャクラ：約650ヘルツ（663＝7・8×85）
第3チャクラ：約550ヘルツ（546＝7・8×70）
第2チャクラ：約450ヘルツ（468＝7・8×60）
第1チャクラ：約400ヘルツ（390＝7・8×50）

チャクラエネルギー振動数

第７チャクラ：第７チャクラ基礎振動数 × 整数
第６チャクラ：第６チャクラ基礎振動数 × 整数
第５チャクラ：第５チャクラ基礎振動数 × 整数
第４チャクラ：第４チャクラ基礎振動数 × 整数
第３チャクラ：第３チャクラ基礎振動数 × 整数
第２チャクラ：第２チャクラ基礎振動数 × 整数
第１チャクラ：第１チャクラ基礎振動数 × 整数

基礎振動数をそれぞれ10の12乗倍にすると、チャクラの色に対応する光の色の振動数になります。基礎振動数は、脊髄の中を通る身体ソウルウェイブそのものです。

ちなみに、それぞれの基礎振動数は、それぞれのチャクラ領域の免疫力を整える力があり、ＤＮＡの修復を促進します。

それぞれのチャクラエネルギー振動数

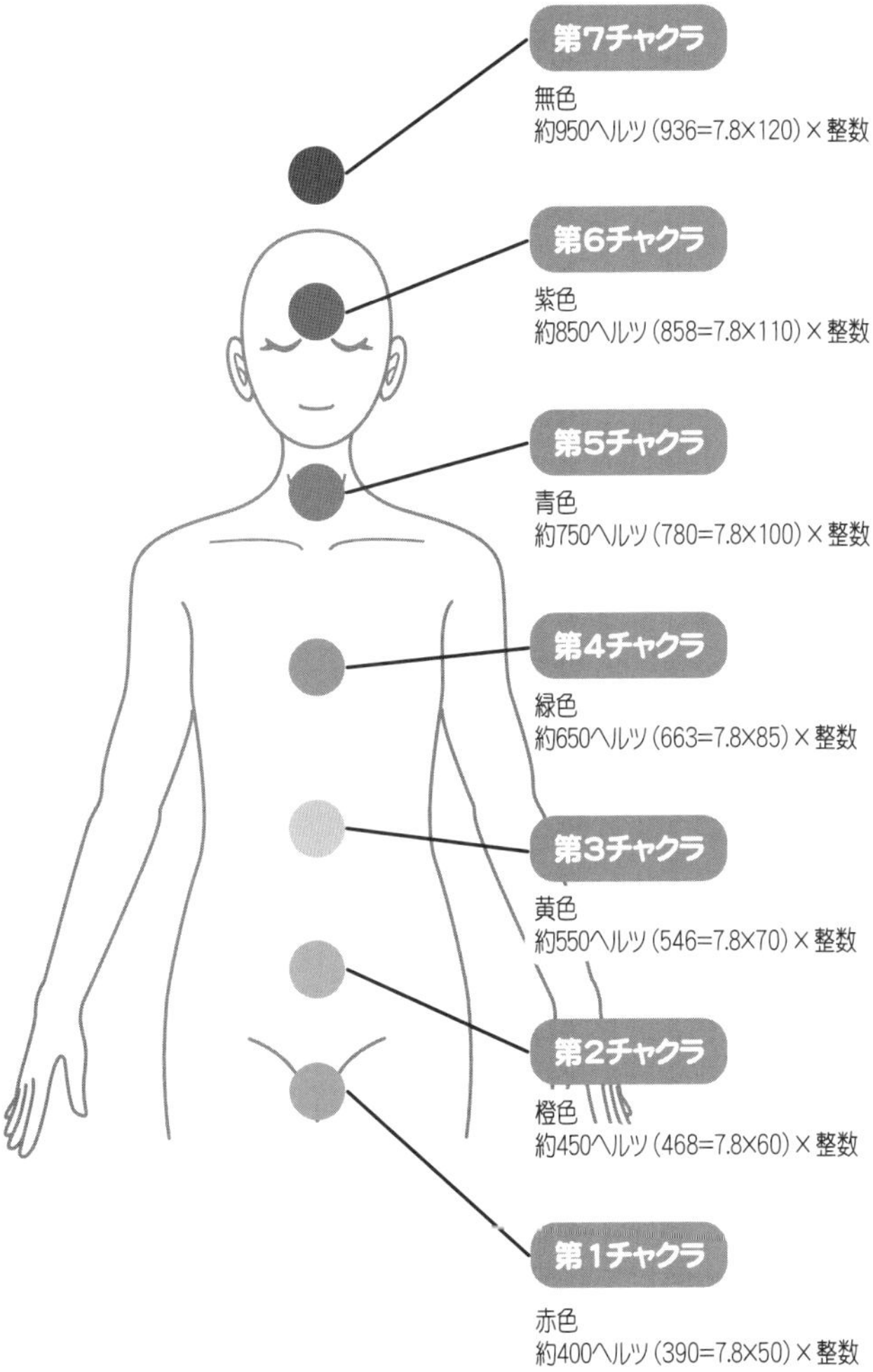

古い地球の概念では、「免疫」とは排除・撃退・抗原抗体反応という見解でしたが、これからの新しい地球での免疫の概念は、ＤＮＡの修復や適応という考え方に移っていきます。

大宇宙がサポートする挨拶

エネルギー場の振動数を上げることは、振動数を上げて松果体の活性化に繋がります。誰でも今すぐに、その振動数を上げる方法があります。それが、**挨拶の言葉**です。「有難う」という言葉を、特別な言葉として受け止めている人は多くいます。もちろん、大切な挨拶の言葉です。しかし、語源をみてみましょう。

有ることが難い、難しい＝「ありがたい」。

要するに「ありがたい」ということは、「あることが、あまりない」という意味になります。つまり、この言葉は否定語です。否定語なので、少しエネルギーが下がります。

ですから、「有難う」という言葉だけでは不十分なのです。

「あることが少ない」ということは、あまりないけれども、実際には「ある」状態です。「ある」のならそれは、「嬉しい」ことと、とらえることができます。「嬉しい」という考えが加わると、エネルギーが高くなります。

実は、「有難う」よりも「嬉しい」のほうが、エネルギーが高いのです。

なぜかというと、「有難う」という言葉は、自分の心の動きではなく「事象に対して自分が観察している」という意味であり、体験している事象が「あまりないことだ」と、観察した結果としての「有難う」ということだからです。

ところが、「嬉しい」という言葉になると、これはポジティブな自分の内なる声です。

ですから、「嬉しい」という言葉のほうが、エネルギーが高いのです。

さらにエネルギーの高い言葉があります。それが、「**お喜び様**」。

一般的には、「お疲れ様」や「ご苦労様」という言葉をよく使いますが、「疲れ」も「苦労」もネガティブな単語であり、エネルギーを下げてしまう言葉です。

人生も身体も、体験することはすべて自己の魂が最高のシナリオとして選択したこと。

だから、「お喜び様」です。

私はいつも「有難う」「お喜び様」という表現を使っていましたが、実のところ、まだ何か足りないと感じていました。そのタイミングで「嬉しい」という言葉のエネルギーに気づくことができ、より高いエネルギー場を生み出す挨拶が完成しました。

「**有難うございます。お喜び様です。嬉しいです**」

これが、大宇宙の采配・恩恵・祝福を得ることのできる、最強のエネルギーを持った挨拶です。

多次元・パラレル自分宇宙への旅

振動数を上げて松果体が高度に活性化すると、どのような変化が起きるのでしょうか。

まず、好きな自分が存在する、別の〝パラレル自分宇宙〟を自由に選択できるようになっていきます。

同時に存在する過去の自分、同時に存在する未来の自分、同時に存在する今の別の自分。今の自分と違う別の宇宙にある自分自身とその環境。

そこに、一瞬で移動できるのです。


どのような原理かというと、松果体のシリコンホールは超活性化すると、今の自分と異なる自分が存在する**多次元・パラレル自分宇宙**へのそれぞれのポータルとして、強力に機能します。

そして、そのポータルが強力に開いたときに、望む自分がいる多次元・パラレルの自分宇宙を瞬間的に選択できるようになるのです。


ＳＦ小説のように聞こえるかもしれませんが、多次元・パラレルの自分宇宙は確かに存在しており、私たちが進化して松果体が活性化すれば、シリコンホールのブラックホールで行き、ホワイトホールで帰るという具合に、自由に行き来できるようになります。

病気や事故で死に瀕したときや、深い眠りで夢を見たときに、別次元の自分を体験することはよくあります。この現象も、松果体を通した多次元・パラレルの自分宇宙へのエネルギー移動です。このとき松果体は、そのポータルを開く物質であるＤＭＴを多量に放出しています。

しかし通常は、この体験時の短時間のみで、もとの現実宇宙に戻ってしまうのですが、十分に松果体のポータルが開いていると、多次元・パラレルの自分宇宙を、今の現実の自分宇宙にそのまま引き下ろしてくることもできるようになるのです。

望む自分を瞬時に創造する！

多次元・パラレルの自分宇宙があると言われても、信じるどころか、意味を理解することも難しいと感じるはずです。自分にとって現実味を帯びていないものを信じることが難しいのが、今の地球人です。

しかし、多次元・パラレルの自分宇宙が、今体験している「今ここ」の自分宇宙と同時に実在するのだという認識ができれば、いろいろな可能性を生む第一歩となります。

それは、望む自分になるための第一歩です。

認識できないという方にとって、〝望む自分〟を引き寄せる方法があります。

それは、自分が望む自分になったつもりで、**なりきったまま生きていく**という方法です。

高次元の地球外生命体であるバシャールも、「なりきれ」と言っています。なりきっていると、最初の周りの反応は冷たいものですが、ずっと続けていると周りも変わってくるものです。周りの反応が変わるということは、いつの間にか自然に、望んでいた多次元・パラレルの自分宇宙に移動したということになります。

すべてを「これでいいのだ」と受け入れて、自分が「楽で愉しい」と感じることをすることは、松果体がとても喜ぶことです。つまり、活性化します。

この状態を松果体の「**お喜び様状態**」といいます。この状態では、シリコンホールであるポータルが開いて、自然と好きな自分宇宙に飛べるようになるのです。現実の世界では、信じられないようなミラクルも起こせるでしょう。

革命後に起こる変化 その1〜望む自分で生きる〜

病気がなくなった自分。

自分の気持ちを殺さずにイキイキと生きている自分。

周りの人とうまく付き合って楽しく生きている自分。

子どもの頃や学生時代に憧れていた職業に就いている自分。


望む自分の状態は、いろいろあります。

〝なりたい自分〟になろうとしても、大人になるにつれ夢物語として横に置いてしまい、目の前の生活にどっぷりと浸かってしまう人が大半を占めています。

大人たちに、「好きなことでは食べていけないよ。もっと現実を見なさい」と言われて育ち、自分が大人になると同じセリフを自分の子どもたちに言っているという、負の連鎖が世の中に蔓延しているのです。

ところが、松果体が活性化してポータルが開くと、まるで夢のようなことが現実化してきます。

たとえば、今いる自分の世界では、本当はパイロットになりたいと思っていたとします。でも、身長が低かったり、視力が悪かったりと、パイロットになるための基準がクリアできず諦めていました。ところが、別のパラレルの自分宇宙では、パイロットになっている自分がいます。

そして、ここで松果体が活性化して、そのポータルが開くと、望むパラレル宇宙に次元移動します。

そうなると、以前は「パイロットになりたい」という夢を周りの人が応援するモードではなかったとしても、多次元・パラレルの自分宇宙では、周囲から応援されるモードになっています。

突然視力がよくなったり、身長がいきなり伸びたり、さらにはパイロットになる基準が変化します。そして、想いが実現します。

このように、松果体のポータルが開き、松果体革命が起こると、望む多次元・パラレルの自分宇宙に行った自分と環境が、いつの間にか、今いる現実の自分宇宙になっているのです。

望む多次元・パラレルの自分宇宙の状況を、今あなたがいる現実の自分宇宙にエネルギーシフトできることはまるで夢物語の世界ですが、夢ではないのです。

革命後に起こる変化 その2〜不食・不眠で生きる〜

松果体のポータルが開いてくると、シリコンホールはホワイトホールとして機能し、全く何もないところから電子を放出して、あらゆる原子の状態を変えることができるようになります。

原子から電子を取ることも、電子を加えることもできるので、その電子の数が変化した瞬間から、原子は別の原子へと変わります。その結果、すべての物質を作ることが可能になるのです。

このホワイトホールの変換能力により、「不食」でも生きていくことが可能です。

身体の周囲にあるエーテル体やアストラル体などのエネルギー体の高次元炭素が、シリコンホールによって高次元珪素に変換され、自由にエネルギーも細胞も生み出します。

最近では、不食を実践されている方が増えていますが、松果体がとても活性化している状態でなければ不可能なことです。松果体がある一定以上に活性化していれば、食べ物から取らなくても必要なエネルギーや細胞を自分で作れるということです。

その状態では、エネルギー産生を睡眠によって誘導する必要もなく、眠る必要もなくなっていくのです。

もっと詳しくご説明しましょう。

炭素骨格である炭水化物・たんぱく質・脂肪を食することにより、人間の身体の各細胞内にあるミトコンドリアは、人間のあらゆる活動のためのエネルギーを作り出しており、同様にＤＮＡは、炭素骨格であるたんぱく質でできた身体を作成し維持しています。このように、通常は食べ物から摂取した栄養素を変換して、エネルギーや身体に変えています。

ミトコンドリアが作っているのは、「ＡＴＰ（アデノシン三リン酸）」と呼ばれる物質で、「アデノシン」という物質にリン酸が３つ、しっぽのようにくっついている形状です。このリン酸の３つ目が離れる時に出るエネルギーが、私たちのありとあらゆる生命活動の原動力なのです。

このリン酸を構成している原子は、酸素が４つ、水素が３つ、リンが１つというシンプルなもので、電子の数は、酸素が８、水素が１、リンが15です。

この材料が揃えば、エネルギーのもとであるＡＴＰを作ることができます。

一般的には、普段の食事の糖質や脂質を分解し再構成することでリン酸を作り、ＡＴＰを作っているのですが、自在に電子の数を変化させられるのであれば、原子を、酸素・水素・リンに変えることで、リン酸を作ることが可能になります。

さらに、高次元シリコンホールから、フリーエネルギーが生み出されます。

食べ物からではなく、自らエネルギーを生み出す秘密は、電子による原子転換とフリーエネルギー産生にあるのです。

別の観点から、不食の謎を解き明かしてみましょう。

人間は、目に見える物質でつくられた身体の他に、エーテル体、アストラル体などの、目には見えないエネルギー体によって構成されています。

目に見える身体は、主にたんぱく質・炭水化物・脂肪などによって作られていますが、たんぱく質・炭水化物・脂肪、どれも炭素骨格の化学構造式を持っていることから、人間の身体は、炭素化しているといえます。

そして、目には見えないエネルギー体であるエーテル体とアストラル体も、目に見えない高次元炭素による炭素骨格構造になっています。

炭素の原子番号は6。内側の電子殻に2個、外側の電子殻に4個の電子を持っている

炭素から珪素へ

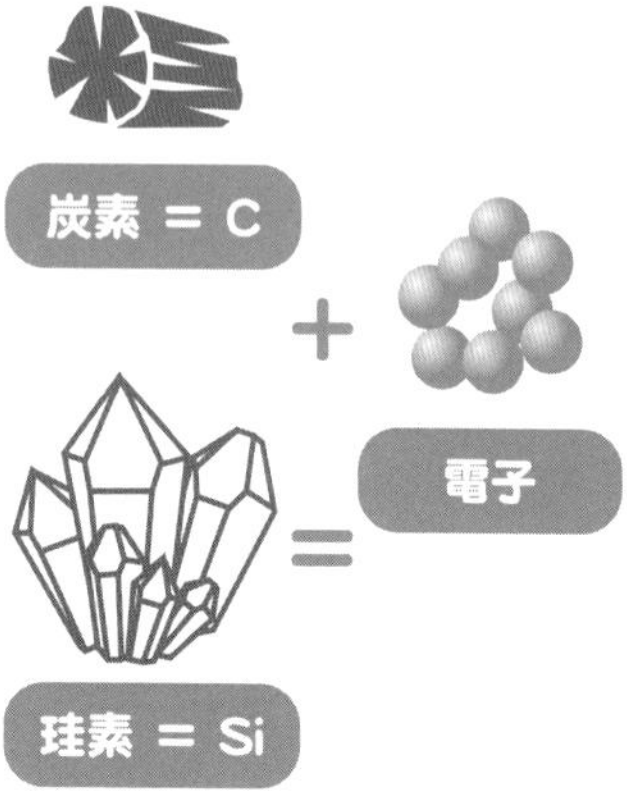

炭素 C6 ＋電子８つ＝珪素 Si14

元素です。この形のまま、目に見えない高次元の炭素を骨格としてエネルギー体を構成しているのが、今の地球人です。

そして、珪素化した地球人というのは、身体はまだ炭素でできているけれど、エネルギー体は珪素化している状態です。

活性化した高次元松果体のホワイトホールは、エネルギー体の全身細胞の珪素シリコンホールを活性化させ、人間のエネルギー体において、電子を自由に生み出すことができ、原子番号6の炭素に電子を8つ与え、原子番号14の珪素に変換させます。

これこそ、地球人の「珪素化（水晶化）」です。

松果体が活性化していくと、全身細胞の珪素シリコンホールが活性化し、エネルギー体が徐々に珪素化していくのです。エネルギー体が珪素化してくると、どんどん珪素シリコンホールの能力が上昇します。そして、電子を自在に操作して、物質体の身体において、必要な原子を作り出す能力が開花し始めます。
さらに、自由に、フリーエネルギーを生み出します。

必要な時に必要な場所に必要な原子とエネルギーを作り出すことができれば、〝食べる〟という行為は必要ありません。通常〝食べる〟という行為は、食品を分解し、必要な原子を取り出して、身体のパーツを作ることと、エネルギーに変換すること。珪素化により、必要な原子を手に入れ、必要なエネルギーを生み出すことができれば、食べる必要はないのです。そして、眠る必要もありません。

概念的には、身体を作るのは、シリコンホールのホワイトホールによる電子1つの変化、つまり原子番号1の水素原子の動きがキーです。
また、身体を動かすのは、そのホワイトホールによる電子8つ、つまり原子番号8の酸素原子がキーとなります。

酸素は、水素と合体して水を作り、そしてＡＴＰエネルギーを生み出すのです。

革命後に起こる変化 その3～フリーエネルギーで自由に生きる～

珪素化した地球人が増えてくると、電気も石油も必要なくなる時代が訪れます。松果体と水晶にある珪素の力により、自由に物質やエネルギーを生み出し、時間にも空間にも重力にも縛られることのない、自由な世界がやってくるのです。

松果体と細胞、水晶の珪素が超活性化すると、シリコンホールのホワイトホールより、超高次元の宇宙の叡智の振動数エネルギーが放出されます。

これが、「フリーエネルギー」です。

ただし、その発生に必要な完全な環境のもとでしか発生しません。つまり、高純度の高次元珪素のエネルギーが存在できる環境であり、一般的な地球の環境では難しいのです。

古代文明では、水晶（珪素）の振動数を活用して、フリーエネルギーを生み出していました。

現代の科学においては、〝ありえない〟というスタンスからフリーエネルギーを見ているので、この延長線上ではフリーエネルギーは表面化できません。

「そういうものが可能である」「普通に行われるものである」と受け入れることで、フリーエネルギーを生み出すことが可能になってきます。

実現するという確信の先にしか、物事の実体化は起こらないのです。

また、高次元の高振動数の宇宙の叡智エネルギーは、振動数の非常な高さゆえ、重力の影響を受けません。これは、「反重力」であり、同時に「ゼロ地場」でもあります。

フリーエネルギーを自由に使い、反重力の乗り物で、空を自由に飛びまわる。松果体を活性化させ革命が起こることで、そんなＳＦ世界の話も、決して夢ではないのです。

5章

松果体を覚醒させるコツとテクニック

松果体を活性化させること

松果体を活性化させることは、人間が本来の姿で、楽に愉しく生きるために必要不可欠です。

人生の本当の目的である、**魂の意識のエネルギーの乱れを修復する**ということは、松果体の活性化なしに行うことはできません。

自分の大元のエネルギーと繋がることができるのは、松果体のポータル、つまりブラックホールであるシリコンホールだけです。

そして松果体が活性化してくると、ポータルから自分の情報を送り出した上、宇宙の叡智を取り込むことで、気づきや学びを得られるようになり、魂は自分のエネルギーの乱れを修正することができます。それと同時に、目に見えない高次元の多重螺旋ＤＮＡの絡みがほぐれ、それを書き換えることができるようになります。

その結果、もともと用意されていた人生や身体のシナリオとは違う選択肢を選ぶことができるようになり、ますます人生を愉しむことができるようになるのです。

それでは実際に何をどうすれば、松果体を活性化させることができるのでしょう。

その1～人生と身体のシナリオを受け入れる～

松果体を活性化する一番の早道は、これです。

「今の自分の人生と身体の体験は、自分の魂の意識のエネルギーの乱れを修正するために、最高傑作として選択したシナリオである」と認識し、「今の自分の人生も身体もこのままでいいんだ」と受け入れることです。

逆に、人生や身体の状況を悲観し、自分を否定していると、松果体は活性化しません。うまくいっても、いかなくても、100%「これでいいのだ」ということです。

さまざまな角度で松果体の役割について記した3～4章や、実際に起こったミラクルな体験談を綴った6章のデータを読むことで、自分の存在を受け入れる意味と価値を心から感じてください。少しずつ自分を受け入れる足がかりになることを願っています。

その2～太陽の光を見る～

次に積極的にしていただきたいことは、穏やかな**太陽を見る**ことです。

太陽が出ている日には、できるだけ太陽の光を浴びて、穏やかな太陽を直接見てください。

しかし、昼間の強い日差しは避け、朝日の優しい日差しを見つめてください。慌てずにゆったりした気分で、ゆっくり眺めてください。

松果体は、光に反応して働く器官です。本来は暗くなったときに、活動的になります。日中の明るい時間帯は休んでいて、夜、眠っている時に活動します。

ところが、日中に太陽を直接見ることで、松果体は「セロトニン」を産生します。セロトニンは、「幸せホルモン」と呼ばれており、人生を豊かにします。

その後、夜になって太陽の光がなくなると、セロトニンはメラトニンに変換され、心地よい気分と眠りを生みます。また、セロトニンは、幻覚物質である「ＤＭＴ」に変換され、非日常感覚や体験を生み出し、そこからいろいろな気づきや学びが生まれます。

それにより、今の人生や身体の悩み、困難も、「これでいいのだ」と気持ちがゆるみ、松果体が活性化するのです。

慣れないうちは、眩しすぎると感じるかもしれませんが大丈夫です。最初の眩しい時間を少し乗り越えると、次第に慣れてきます。

慣れてきたら、徐々に眺める時間を増やしていきましょう。

もし、太陽を見た後に、毎回目に不快感が強く残るようでしたら、太陽の凝視は避けて他の方法をお試しください。

この方法は、太陽さえ出ていれば、時間も場所も選びません。道具もいらず、経費もゼロです。

朝日の穏やかな光を眺めるのであれば、目に病気がない限り、通常目を悪くすることはありません。安心して生活の習慣にしてください。

その3～ドルフィン・フレーズ～

「ドルフィン・フレーズ」は、背骨の中を流れる身体ソウルウェイブを、チャクラのレベルで浄化する方法です。

身体ソウルウェイブを成す神経の螺旋振動数エネルギーを、背骨の通り道のそれぞれのチャクラポイントで、修正・活性化する役割をもちます。

ドルフィン・フレーズは、思いついたときに口から声を出す、または心の中で唱えることで、通り道を経て松果体が活性化していきます。

◉5つのフレーズ

『今の自分は大丈夫』
『今の自分に感謝』
『今の自分が大好き』
『今の自分をよく知っている』
『今の自分は宇宙のすべて』

またこのフレーズは、チャクラのエネルギーとも対応しています。

第1・第2チャクラ：『今の自分は大丈夫』
第3チャクラ　　　：『今の自分に感謝』
第4チャクラ　　　：『今の自分が大好き』

第5チャクラ　　　：『今の自分をよく知っている』
第6・第7チャクラ：『今の自分は宇宙のすべて』

それぞれのフレーズを唱えるときにチャクラの位置を意識することで、より浄化の効果がアップします。

その4〜ドルフィン・チャージ〜

「ドルフィン・チャージ」とは、珪素エネルギーを、自分の生活に取り入れて、松果体を活性化させた上で、宇宙の叡智と繋がりやすい状況を作ることです。

一つには、珪素の塊である水晶を魂の友とし、その水晶に、自分の魂の意識エネルギーを修正することをサポートしてもらう方法です。

水晶も、松果体と同様に珪素で構成されており、強力なシリコンホールをもちます。持ち主の持ち物として魂の友人関係を結んだ水晶のシリコンホールは、松果体同様、持ち主の魂の意識エネルギーを修正し、それを進化・成長させるのです。

おすすめの水晶は、正十二面体、正二十面体の形をしたものです。

これらは、すべての面が対する面と完全に並行の位置関係にあり、叡智の光エネルギーを永遠に反射することができるという、驚異的な能力を持ちます。

正二十面体は、正十二面体よりもペアの面の数が多く、エネルギー的にはより強力です。

松果体活性化のワークを行うときに、手に持ったり、額に当てたり、頭の上に置いたりすることで、効果が累進的に向上します。

持ち歩いたり、部屋に置いておくだけでも、あなたが必要な振動数エネルギーを水晶が提供してくれます。

水晶は繊細なエネルギーであり、生命エネルギーとして生きているので、日光を浴びさせたり、水で洗ったりといった、浄化をする必要があります。
こうした定期的なメンテナンスを忘れないでください。

そして、もう一つ、身体を持った人間に特におすすめなのが、経口的に珪素を摂取することです。

水晶由来の珪素と植物由来の珪素がありますが、最近のより優れた開発により、植物性のものでも、良い品質のものが市場に出回るようになりました。しかしやはり水晶の驚異的な能力のエネルギーを転写している水晶由来のものをおすすめします。

私ドクタードルフィンがおすすめする製品は、ドクタードルフィン公式ホームページで紹介・販売しております。ぜひ、ご活用ください。

その5～ドルフィン・エクササイズ～

「ドルフィン・エクササイズ」は、身体ソウルウェイブである身体の叡智エネルギーの通り道を整えます。

その6でご紹介する「ドルフィン・タッチ」の準備運動です。

エクササイズは、ABCの三種類あります。

エクササイズA：腰部・仙骨部を整える
エクササイズB：胸部・背部を整える
エクササイズC：頸部を整える

それぞれ、次ページの図解に従って行ってください。
この3つのエクササイズをA→B→Cの順番に行います。
10セットずつ行うことをおすすめします。

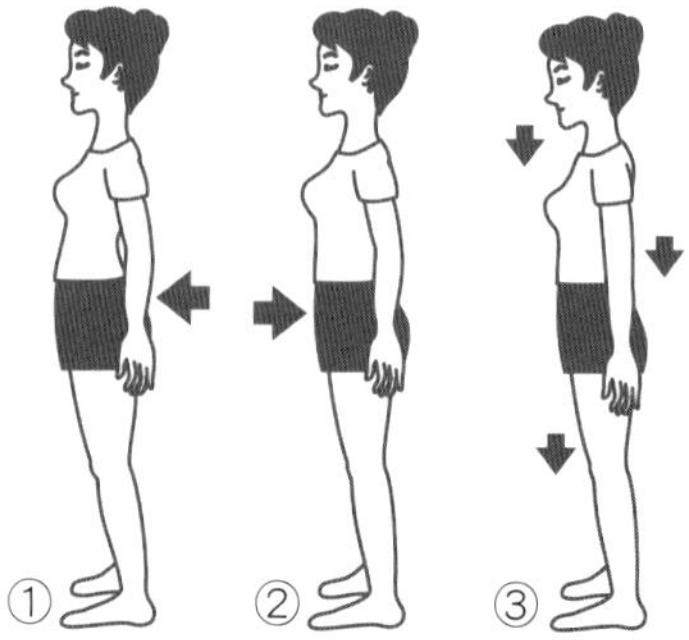

ドルフィン
エクササイズ A

① 腰を前に出す。
② 下腹部を引っ込める。
③ 全身の力を抜く。

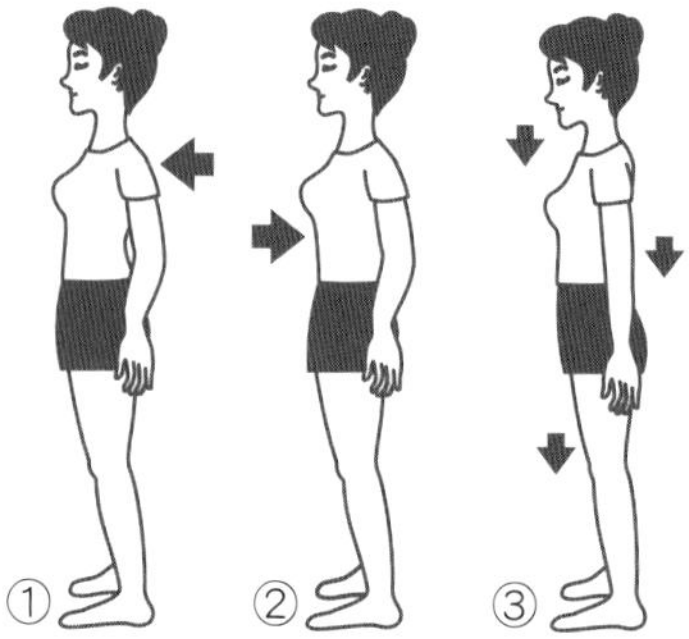

ドルフィン
エクササイズ B

① 両肩を後ろに引き、
　肩甲骨を寄せる。
② みぞおちを引っ込める。
③ 全身の力を抜く。

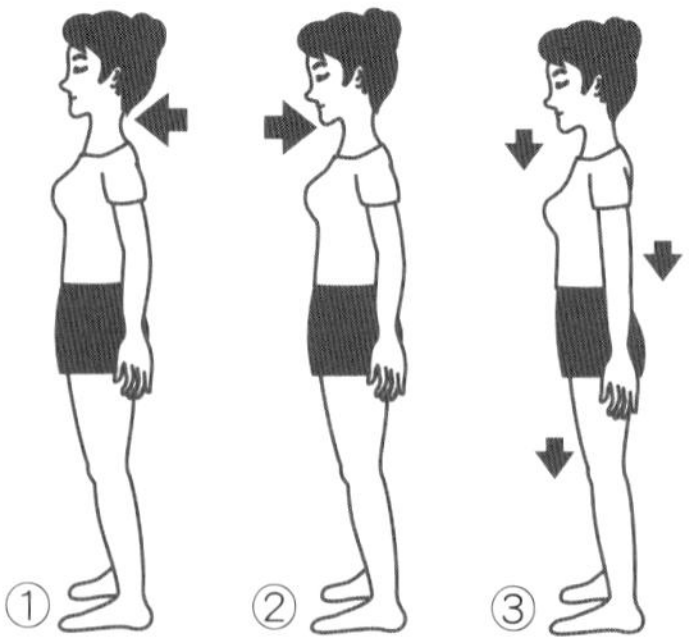

ドルフィン
エクササイズ C

① 頭の位置は変えずに、
　首を前に出す。
② あごを引く。
③ 全身の力を抜く。

その6～ドルフィン・タッチ～

「ドルフィン・タッチ」は、身体ソウルウェイブである身体の叡智エネルギーの流れを物理的に活性化する方法です。押すのではなく、ごく軽く触れて行います。

第一頸椎の横突起の位置に触れる「ドルフィン・タッチ①」と、第二頸椎の棘《きょく》突起の位置に触れる「ドルフィン・タッチ②」の二つがあります。

「ドルフィン・タッチ①」の後に、「ドルフィン・タッチ②」を行います。

いつでも好きなときに、好きなところで、好きなように行ってください。可能な範囲でできるだけ何セットも行うと効果的です。

「ドルフィン・タッチ①」

【ポイントを見つける】

①肩の力を抜いて、顔をまっすぐ前に向けます。

②耳たぶのすぐ後ろあたりにある、乳様突起という硬い骨の出っ張りを探します。乳様突起の下端1ミリ下・1ミリ前が、「ドルフィン・タッチ①」のポイントです。

③左右の中指の先端で左右のポイントをそれぞれ軽く押してみると、左右に違いがあることがわかります。

その左右のポイントにおいて、わずかでも、痛みや不快な感覚、違和感がある左右のどちらかの側が、「ドルフィン・タッチ①」のポイントです。

＊左右の差を感じない場合は、両方同時に触れても構いません。

【ポイントに触れる】

①肩の力を抜いて、顔をまっすぐ前に向けます。

②「ドルフィン・タッチ①」のポイントを、軽く触れる程度の力で押します。

③ポイントを数分間、触れ続けます。

この時は、腹式呼吸を行います（口から息を吐いて、鼻から吸う）。

「ドルフィン・タッチ②」

【ポイントを見つける】

①後頭部の中央にある丸い骨の出っ張りを探します。

この骨の一番下が、後頭部の中央下端です。

中央下端からさらに2センチ下が、「ドルフィン・タッチ②」のポイントです。

【ポイントに触れる】

①両手の中指の爪が重なるようにして、「ドルフィン・タッチ②」のポイントにおきます。

②下側になっている中指の腹で、「ドルフィン・タッチ②」のポイントを、軽く触れる程度の力で押します。

③ポイントを数分間、触れ続けます。

この時は、腹式呼吸を行います（口から息を吐いて、鼻から吸う）。

●ドルフィン・タッチ①

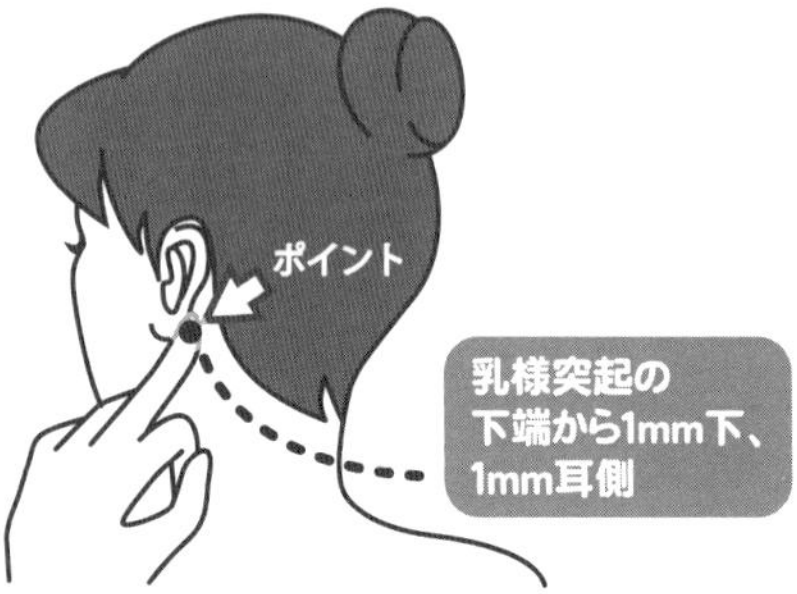

中指の先端でポイントをごく軽く触れるだけ。
左右において違和感のある側（右か左の一方）のみを行う。
左右が不明の場合、両方を同時に触れる。1回1〜数分。1日数回。

●ドルフィン・タッチ②

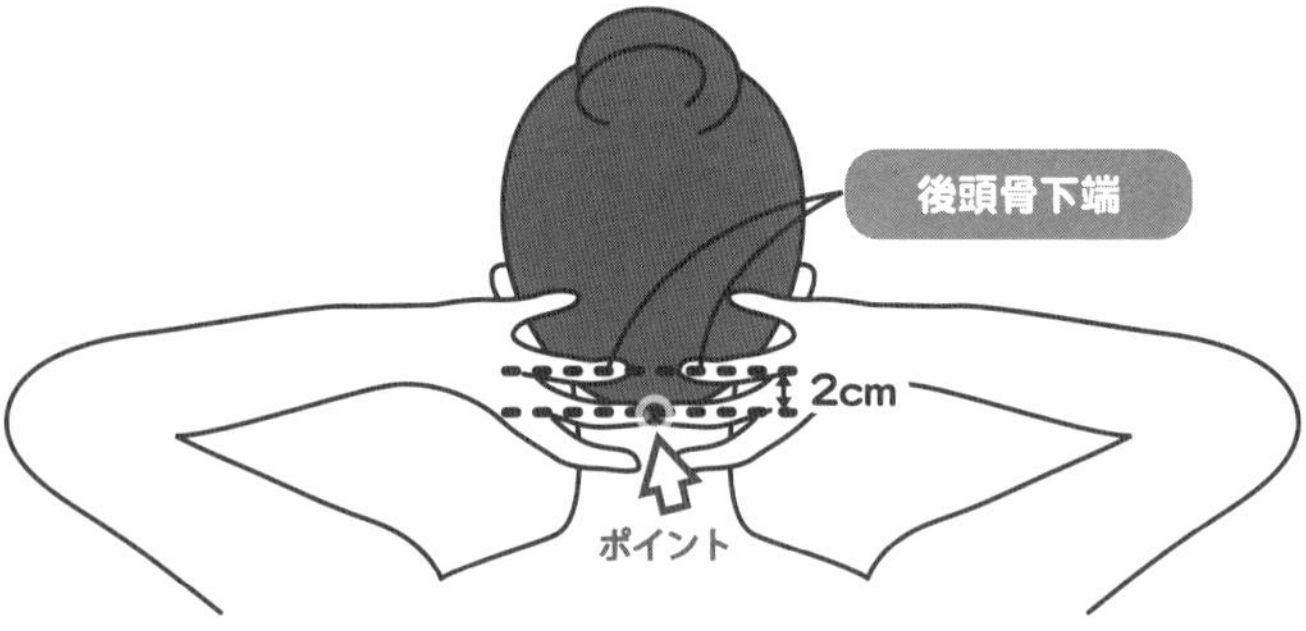

左右の中指の先端を重ね、ごく軽く触れる。1回1〜数分。1日数回。

その7～ドルフィン・リセット～

「ドルフィン・リセット」は、一旦、多重螺旋DNAを白紙にリセットさせます。これにより、次の瞬間に自動設定される魂の意識の選択したシナリオ状態と、白紙状態とのギャップが、魂の意識の成長・進化に必要な気づきや学びを生み出します。

◉脳レベルの雑念エネルギーを消去する「ドルフィン・リセット①」

①指先で頭皮に触れるように頭の上に両手を置いて、触れた感触（トーン）が他の部分と異なる部分（ピリピリ感、空気が重い感じ、熱感など）を探ります。

②腹式呼吸で息をゆっくりと吐くときに、松果体を通して宇宙の叡智がトーンの異なる部分を修正するイメージを持ちます。

③腹式呼吸で息を吸うときに、地球エネルギーにより脳エネルギーが拡大するように、異なる部分をさらに感じます。

④②と③を数回、繰り返します。

⑤これを行いながら、脳の常識と固定観念が消去され、クリーンになったイメージをもちます。

⑥最初に比べて、トーンが均一になったことを確認します。

●松果体レベルでDNAエネルギーを修正し、書き換える「ドルフィン・リセット②」

①自分の身体の前で、両手で自分の松果体の大きなエネルギーボールを作り、それを両手で保持します。

②その松果体のエネルギー体を、両手で感じるようにします。

③エネルギー体において、触れた感触（トーン）が他の部分と異なる部分を探ります。

④腹式呼吸で息をゆっくりと吐くときに、降り注ぐ宇宙の叡智がトーンの異なる部分を修正するイメージを持ちます。

⑤腹式呼吸で息を吸うときに、地球エネルギーにより松果体エネルギーが拡大するよ

うに、異なる部分をさらに感じます。

⑥④と⑤を数回、繰り返します。

⑦これを行いながら、DNAエネルギーの乱れが修正され、さらに自分の望む情報がDNAエネルギーに書き加えられ、そして書き換わることをイメージします。

⑧最初に比べて、トーンが均一になったことを確認します。

●ドルフィン・リセット ①

両手で頭に触れる。

息を吐きながら異常部位を修正し、
息を吸いながら異常部位を
さらに感じる。

他の部位と比べて、硬い、
こわばる、熱っぽい、張りがない、
冷たい、チクチクする、などの、
異常部位を感じながら修正する。

これを繰り返し、頭全体が均一の
感触になるのを目標に行う。

シナリオを乱す常識や固定概念または雑念を消去することができる。

●ドルフィン・リセット ②

自身の松果体のエネルギーを両手の
中に包み込むイメージ。

右手で右の松果体エネルギー
（人生と身体のシナリオ）を感じる。
左手で左の松果体のエネルギー
（シナリオ以外のノイズ）を感じる。

息を吐きながら異常部位を修正し、
息を吸いながら異常部位を
さらに感じる。

他の部位と比べて、硬い、
こわばる、熱っぽい、張りがない、
冷たい、チクチクする、などの、
異常部位を感じながら修正する。

これを繰り返し、
松果体エネルギー全体が均一の
感触になるのを目標に行う。

自分の魂意識が選択した人生と身体のシナリオを初期選択通りに
クリアした上で、
自分が望むシナリオを書き加えたり、書き換えることができる。

その8～ドルフィン・ハーモニー～

「ドルフィン・ハーモニー」は、ワークの中では最強の方法です。これは、宇宙の叡智と松果体を繋げて行うワークです。

自分のＤＮＡエネルギーを自分の望むように完全に書き換えます。

◉自分自身を、自分宇宙であるシャボン玉で囲うイメージ

腹式呼吸でゆっくりと息を吐くときに、宇宙の叡智が松果体から脊髄（背骨の中の神経）に伝わって下に流れていくイメージをします。

これは、涼しいエネルギーです。

吐くときには、身体の振動数が上がり、自分の身体が頭のほうから下に向けて消えていくイメージを描きます。

次に、腹式呼吸でゆっくりと息を吸います。

吸う時には、地球の低振動数ではあるが強力な地球エネルギーを、背骨の下から上に向けて取り込みます。

地球の強力な振動エネルギーを取り込むと、自分宇宙のシャボン玉が大きくなるイメージを描きます。

これは、温かいエネルギーです。

地球エネルギーの振動幅が大きいため、温かいのです。

吸うときは、地球から温かいエネルギーが、背骨の中を下から上まで通っていきます。

パワフルなエネルギーを入れると、自分宇宙の大きさが広がっていきます。

息を吐く毎に、宇宙の叡智の振動数が身体を通り、その都度、身体の振動数が上がって、上がった分だけ、さらに下に向かって身体が消えていくのです。

息を吸う毎に、自分宇宙が広がっていくのです。

息を吐く・吸うを、繰り返し行います。

すると、自分宇宙がどんどん大きくなると同時に、自分の身体は、どんどん上から消えていきます。最終的には、大きな大きな自分宇宙のシャボン玉の中に、身体のない自分のエネルギー体だけが残ります。このエネルギー体は、松果体エネルギーです。

このときに、今までの古い自分を捨てて、なりたい新しい自分を松果体のDNAエネルギーに書き込みます。

そして、新しいDNAのシナリオどおりの自分と環境をシャボン玉の中に創り出します。

この過程で、松果体はどんどん活性化していきます。

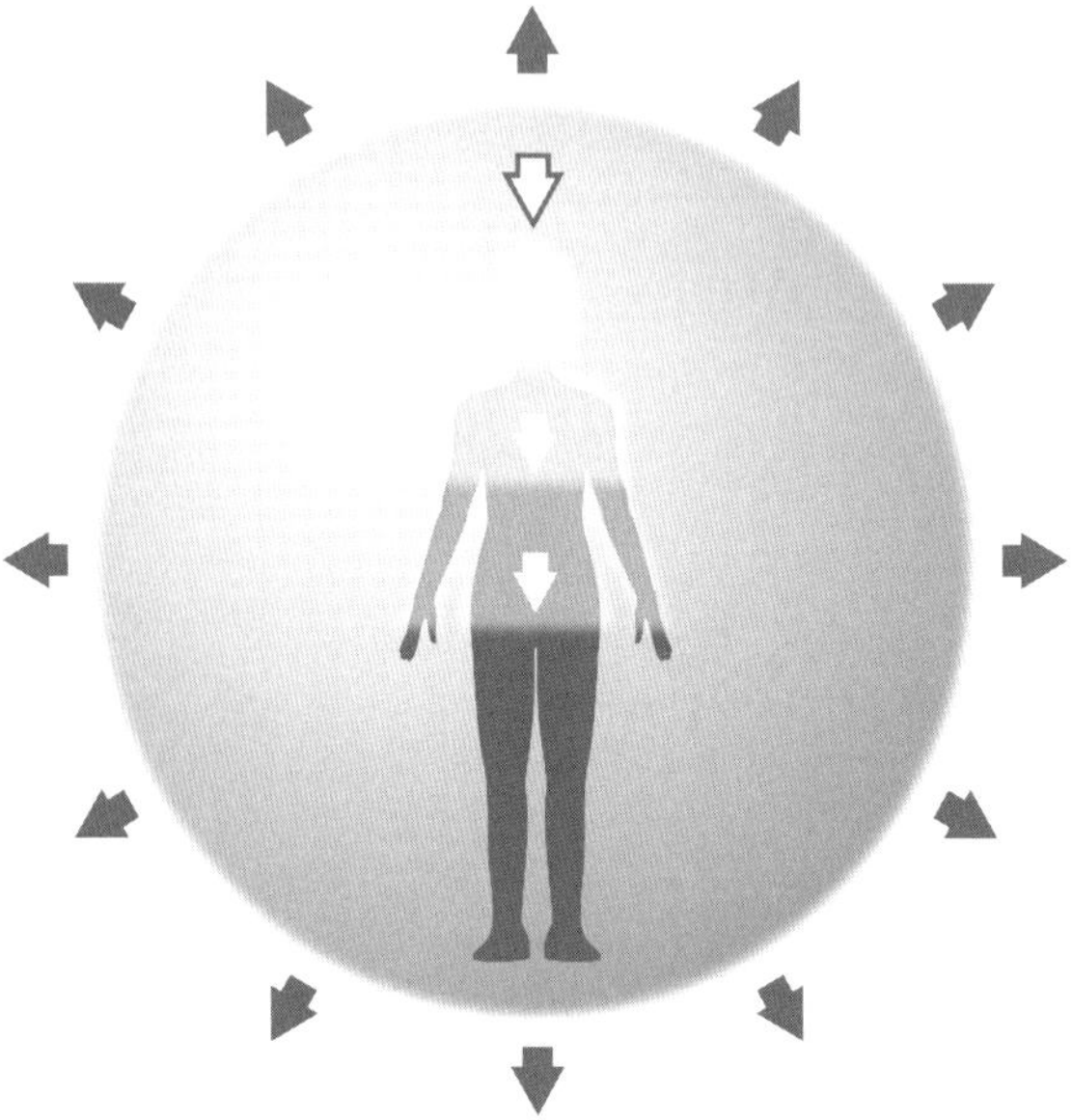

●ドルフィン・ハーモニー

【息を吐くとき】⇨ 上から徐々に身体を消していく

【息を吸うとき】➡ シャボン玉宇宙を膨らませる

これを繰り返しながら、以下のビジョンを描いていく。

身体を完全に消したところに
シャボン玉=大宇宙だけがある。
↓
自分の松果体のエネルギーだけが残り、
そのエネルギー体が自由に飛び回る。

なりたい自分、なりたい世界を描いて
シャボン玉宇宙に望む自分と望む世界を設定する。

6章

松果体覚醒が生み出すストーリー

現実の世界で、松果体が覚醒した人々

どんな物事も、自分事としてとらえることができないものは、「絵に書いた餅」と変わりません。

また多くの人が、当たり前と感じるくらいに一般的なことになるまでは、ごく少数の人間にしか、効果が現れないものです。

ここには、集合意識というものが大きく関わってきます。

まず、頭で理解しようとしても、潜在意識がサポートしていなければ、現実の世界に結果をもたらすことはありません。潜在意識には、集合意識が強く結びついているせいで、集合意識が邪魔をしてくるのです。

多くの人間が、「可能なこと」と認定していることは実現しやすいのですが、この場合になかなか実現しないのは、自分の顕在意識である常識と固定観念の問題です。

陸上競技男子１００メートル競走において達成困難と考えられていた９秒台に対する記録の壁が、とてもわかりやすい例です。

たった一人、９秒台を達成する選手が現れるまでは、人間の能力では９秒台は無理であると、誰もが考えていたのです。ところが、１９８３年5月14日に、カール・ルイスが９秒97を記録。彼が地球上で、９秒台を達成した最初の短距離選手となったわけですが、そのわずか2カ月後の１９８３年7月３日に、ルイスに続いてカルヴィン・スミスが９秒93の世界新記録を樹立しました。

その後はそれまでのことが嘘のように、９秒台の記録を持つ選手が現れ、１９９０年代に入ると、人間離れしたタイムであるにもかかわらず、あまり特別視されることがなくなったのです。

この例を見てみると、カール・ルイスが達成したことで、「不可能なこと」という集合意識が、「可能なこと」という集合意識に貼り替えられました。

それまで「不可能なこと」という集合意識から成る潜在意識に邪魔され、あと一歩のところで達成できていなかったレベルの選手たちは、この集合意識が「可能なこと」に貼り替えられたので、達成できるようになったのです。

そして多くの選手が、次々に達成する姿を見て、今度は多くの人間が、「鍛え抜かれた一流選手なら、9秒代の達成は可能なこと」という共通の集合意識を持つことになります。

多くの人間が同じことを考えるようになると、これが集合意識としての力を強力に持つので、さらに達成可能な選手が増えることになるのです。

そして、常識と固定観念から成る顕在意識が変わるのです。

すべての出来事に、この例のような仕組みが働きます。

そのため、潜在意識と顕在意識にこびりついているさまざまな「不可能なこと」というレッテルをはがしていく必要があるのです。

自分にとって達成したい事柄のレッテルを「可能なこと」に貼り換えることができなければ、永遠に「達成する」という結果はもたらされないのです。

松果体が活性化し、ミラクルが起きると聞いても、潜在意識と顕在意識が「不可能なこと」「ありえないこと」と認識している限り、何も起こりません。

そこで、実際に起こった体験談を多く見聞きすることは、このレッテルをはがすことにとても役に立つのです。

そして、顕在意識を消去し、潜在意識さえも眠らせて、超潜在意識（宇宙意識）と松果体で繋がることは、まさにミラクルを起こす扉を開くことです。

『鎌倉ドクタードルフィン診療所』には、実に多種多様な人生や身体の問題を抱えている患者が来院します。診療所での、患者一人の診療時間はわずか3～4分程度です。

診療が目指すものは、身体と脳を操作したうえで、松果体の高次元ＤＮＡを修正、書き換えて、結果として松果体を活性化させることです。診療所では、日々、世の中では「奇跡」と称されることが、当たり前のように起こっています。

地球社会の「奇跡」は、ドクタードルフィンの「常識」です。

たとえば、ＡＤＨＤや自閉症のお子さんが世の中とうまく馴染めずに、ダメだダメだと両親に思われていたのに、松果体が活性化することで眠っていた能力が目覚め、絵を描く能力や音楽の才能が発揮されてきた、ＩＱが正常化した、普通学級に行けるようになったという例もたくさんあります。子どもでも大人でも、別人のようになります。

特殊な状況ではなくても、松果体が開いてくると才能が出てきやすくなるので、子どもに限らず、大人でも年配の方でも、素晴らしい変化が起きることは十分にあるのです。

また、真っ白だった髪の毛が、たった一回の診療で次の日には真っ黒になることはよくあります。

余命数カ月のガンが完治したり、現代医学で不可能とされるいろいろな事象が可能となります。曲がった骨が目の前で瞬時にまっすぐに伸びたり、消失した筋肉が瞬時に形成されたりします。

これらは、この地球で私ドクタードルフィンしか行えない、最もレベルの高い「超次元・超時空間松果体覚醒医学∞IGAKU」の世界です。

常識では考えられない現象が、松果体という器官が目覚めるだけで、どなたの身の上にも起こる可能性があるのです。

世の常識や固定観念とは逆の、人生↓感情↓身体という順序で変化していくのです。

ここでは、わずかな例しかご紹介できませんが、実際に起こったことを知ることが、顕在意識を消去し、潜在意識を眠らせ、超潜在意識（宇宙意識）と繋がり、松果体を活性化させるのに役立ちます。

■仕事をする元気がない女性の例

50歳代の女性の症例です。

訴えは、「自分に自信がなくてツライ」「目眩がする」でした。

お話を聞いてみると、一番の問題は、「自分に自信がなくて、本当は仕事をしなくてはいけないのに、仕事ができない」ということ。仕事ができないことで焦りが生じ、そんな自分がツラいというのです。

そして、同時に目眩もする。だから夜も眠れないし、毎日がツラいという繰り返しの状態でした。

何回か診療を続けて松果体が元気になってきても、しばらく目眩は残っていました。なぜなら、身体の変化は最後に起こるものだからです。

最初の変化はこうでした。

「なんか最近、焦らなくなってきた」

そして、「仕事ができないこんな自分だけど、今はこれでいいのかなと思うようになってきた。焦らなくなってきた」と、ちょっと穏やかになってきたのです。

さらに次の段階で、「今まで自分のこと、大嫌いだったんだけど、ある程度自分を受け入れられるようになってきたかなぁ」と言い始め、そうこうしていると、新しい仕事が決まったという報告が入ってきました。

この方の例も、最初に人生の体験が変わり、その中で感情が変わるという典型的なパターンです。

感情が変化する前に、すでに人生のシナリオは先立って変化しており、人生の体験に変化があり、新しい仕事が舞い降りたり、新しい出会いがあったりします。

そして最後に、「そういえば先生、最近、目眩がない」と伝えてくれたように、自分の身体の症状の変化に気づくのです。

目眩があることを途中からすっかり忘れ、〝そういえば〟という反応が生まれます。これは、理想的なパターンです。

松果体が活性化されると、このように、まず人生のシナリオが変わり、感情の変化が先に生まれ、最後に身体の変化が起きるのです。

■仲の悪い親子

30歳代の女性の関節リウマチの症例です。

母親との喧嘩が原因で疎遠になり、心のどこかで母親を憎んでしまい、全く会えない状況が続いていました。

しかし、心の中では「わだかまりがあったままでいいのか」「血の繋がった母親だから、気にはなる」と揺れていました。

この女性の診療が始まり、松果体が活性化してくると、こう言い始めました。

「母親のことを、ずっと憎い憎いって思っていたけど、なんだか最近あまり憎いと思わなくなってきた」

そう、人生のシナリオが変わり始めます。そして、この方の場合も、まず感情が変わってきたのです。

そうすると、「最近、母親のほうから会いたいって言ってきてくれたんです。すごく嬉しかった」となり、人生のシナリオが書き換わりました。

そして、次の変化として、「そういえば、最近、関節リウマチの関節の痛みをあまり感じない」という具合に、最後に身体が変わっていきました。

■ガンがあっという間に消えたアーティストの女性

この女性の体験は、とても印象的です。

30歳代後半の女性ですが、乳ガンの全身転移で余命2カ月を宣告されていました。

「骨シンチグラフィー」という、骨にガンが転移しているかどうかを調べるための放射線を使った検査があるのですが、彼女の骨シンチの画像には、ガンの転移を示す黒い影が全身の至るところに写っていました。

そして、両胸の間の胸骨には、転移した卵サイズの腫瘍ができていて、まるで三つ目のおっぱいのようにせり出していたのです。また、骨盤部の転移ガンは、強烈な痛みを彼女に与え、四六時中苦しんでいました。最強の痛み止めである麻薬も全く効きません。

このように全身を蝕むガン細胞のせいで、激しい痛みが一日中この女性を苦しめており、起きていても痛みで何も手につかず、夜は痛みで眠れないという毎日でした。

初診の日、遠方から新幹線で新横浜に向かう旅程でも、痛みがひどく、落ち着いて座っていることさえできませんでした。

ところが、たった一回の私の診療が終わると、この女性の痛みがすっとおさまり、それまで抱えていた激痛が嘘のように消えていたのです。

そしてその夜、不思議な夢を見たそうです。それは、自分がワカメになった夢でした。海底の岩場に生えている自分の身体は、波の動きに身を委ねるしかなく、ゆらゆらと揺れ続けます。ゆらゆらと揺らぐ、ワカメの自分には、ガンの痛みは全くありません。自分の意思とは関係ない、波の動きに任せたこのゆらぎは、だんだんと心地良くなり、この時何かに気づいたのでしょう。目が覚めた時には、とてもすっきりした気持ちになっていたそうです。

この彼女は、創造性溢れる絵を描くアーティストであり、自然と共に生きる、素晴らしい感性をもっていました。何度も死ぬような思いをし、何度も絶望を味わったおかげで、死への恐怖はやわらぎ、無理に生きることへの執着がありませんでした。

診療効果は抜群に良く、この初診の日からわずかひと月で、胸にあった卵サイズの腫瘍はみるみる縮小し、服の上からではわからないほどに小さく平らになっていました。

真っ黒く写っていた骨シンチグラフィーもどんどんと黒い影が減り、３カ月も経たないうちにほぼ完治という状態になりました。

この女性の場合、なぜこれほどまでに速い変化が起きたのでしょうか？　おそらく、いくつかの条件が重なった結果、このようなミラクルが起きたのでしょう。

一つは、もともとこういう道筋を辿るというように、高次元ＤＮＡを修正し、それを書き換えたということ。

ここに至るまでに、さまざまな経験を重ね、特にガンというテーマの下、多くの気づきと学びを得てきたのです。

さらに、アーティストというお仕事柄、インスピレーションの力が強く、不思議なことでも、素直に受け入れるという受け皿があったということ。

このような土台があった上で、診療によって、松果体のポータルが一気に開き、宇宙の叡智と繋がったのだと考えられます。

さらに、ワカメの夢も大変興味深いものでした。この夢は、この女性の多次元・パラレル自分宇宙のひとつなのです。松果体が活性化していると、なりたい自分の存在する別のパラレル自分宇宙に移動し、その自分と環境をそのまま持ってくることができるので、彼女は痛みがなく、流れに上手に身を任せることができるワカメの性質を、今の自分がいる現実宇宙に引き寄せたのでしょう。

その結果、ＤＮＡ遺伝子の情報は次々と書き換わり、楽で愉しい身体の状況まで変化させることができたのです。

彼女自身、ガンによって多くのことを気づき、学んだと実感していて、この体験に感謝し、多くの方に自分の体験を伝えたいと考え、それをシェアしています。

このように感謝があり、他の方の気づきや学びの手伝いを決意するというエネルギーは、宇宙の叡智と共鳴しやすい高い振動数を持っているので、宇宙の叡智が一層働き、変化のスピードがますます速くなります。

■ガンで亡くなった男性とその家族

3章でも触れましたが、ガンの患者さんの場合、三つのパターンがあります。完治されるケース、治らないままガンと共に元気に生きるケース、そして、ガンによって穏やかに納得したうえで亡くなるというケースです。

どのパターンも、本人の魂の選択であり、どのケースが良いとはいえません。ただ松果体が活性化して、必要な気づきや学びが進んでいくと、どの方も病気や症状、この場合はガンに対して、もがかなくなるのです。

家族に連れられてきた、70歳代の男性は、かなり肺ガンが進行し、全身転移したステージ4、余命宣告3カ月という厳しい状況でした。

そして、この男性は、怒りの感情で毒されていました。

「どうして、俺はこんな病気になったんだ」

「あの病院であんな治療されたから、余計ダメになった」

「あんな病院いかなきゃよかった」

「抗がん剤でボロボロにされた」

「手術して余計弱った」

とにもかくにも、恨みのオンパレードで、怒っていました。

特に年配の人の中には、こういうことを言うタイプの方が少なからずいます。ご家族は、毎日その愚痴を聞かされ、かなり消耗していました。

本人が、「俺はツイてない」「俺は不幸だ」と言うのですから、家族も不幸になって、落ち込んでしまうのです。


ところが、こういう方の松果体のポータルが開いてくると、「俺はどうしてガンになったんだ、痛い、痛い、痛い」「死にたくない、死にたくない、俺はもっと生きたい」ともがいていたのが嘘のように、どんどん穏やかになっていきます。

怒りが少し鎮まると、身体のエネルギーも徐々に穏やかになり始めます。そうなると、痛みも減り、自分の状態とうまく付き合えるようになり、今までは広がる一方だったガンの進行も穏やかになって、ご自宅でも穏やかに過ごせる時間が増えました。
「最近感情が穏やかになって、優しくなり、身体も痛い痛いって言わなくなった」と、ご家族も喜ばれていました。

あるとき、この男性が診療にいらっしゃらなくなったなと思っていたら、ご家族から「亡くなりました」という電話があり、こうおっしゃいました。
「先生ありがとうございました。最後まで穏やかに過ごすことができました。最後まで、先生のところに行きたいっていつも言っていました。先生に診ていただいたおかげで、穏やかになって、死ぬことができました」

最初は、苦しんで、ガチガチの自分、怒りと不安の自分です。でも診療を受けることで松果体が活性化して、自分の叡智と繋がって、シナリオが書き換わったのです。

そして、そのシナリオどおりにストーリーが進行し、「死ぬことは怖いものじゃないんだ」と気づき、家族も穏やかになって、家族の愛情を感じることもでき、そして「自分が生きていることには意味があった、十分自分は生きた」と思えるようになって亡くなったのです。

こういうパターンも、松果体を活性化したことによって起こる人生劇場です。

■親から虐待を受けていた女性

子どもの頃から、ずっと親に虐待されてきたという40歳代半ばの女性の症例です。

この女性は、ずっと抑圧され続け、自分の人生を生きてこられなかったため、両親を恨んでいる上に、社会も恨んでいるという方でした。

この女性は、松果体を活性化したことで、「いろいろあって、今までは過去のことにずっとこだわっていたけど、過去は過去で、あまり考える意味がないかな」と言い始めました。

そして執着が薄れてくると、生きる視点が過去から今へと変わり、「新しい自分になれそうな気がする」という自分が芽生えました。

新しい趣味も見つけ、人生を共にする素敵な人との出会いがありました。

松果体が活性化したことで、ポータルが開き、新しい多次元・パラレル自分宇宙に移動したのです。

あとがき　～新しい始まりに向けて～

この本を執筆している間にも、大きな変化が訪れ、私ドクタードルフィンの診療スタイルにも変化が起こってきました。

診察ではまず、患者さんの身体に触れ、細胞のトーンを正し、その次に頭に触れ、脳のトーンを正します。その後に手を頭にかざし、松果体を通して高次元多重螺旋ＤＮＡのトーンを正すという診療スタイルが完成しました。

こうして、患者さんの松果体ＤＮＡを修正して書き換えることで、人生のシナリオも身体のシナリオにも患者さん自身が望む変化が起こるのです。

本来の宇宙の叡智を受けるＤＮＡエネルギーが、常識・固定概念、他人や社会の集合意識により絡まってしまうと、私たちは〝もがき〟ます。

　診療でこれらのDNAをほどくことにより、必要な気づきや学びを体験するチャンスを提供し、その人の人生と身体を良い方向に向けることが可能となりました。

　今の私ドクタードルフィンは、対象者の身体に触れなくても、その人の松果体のエネルギーを感じることで、その人がどのように生きているかを、読み取ることができます。

　そして、DNAを修正し、DNAの絡みをほどきます。その結果、その人にとって最適な人生や身体のシナリオを再創造するサポートをしています。

　地球人類を救うべく、今、ドクタードルフィンは、目の前に対象者がいなくても、時間を飛び越え、空間も飛び越え、人間の松果体DNAを正す新しい医学、目の前の対象者も次元も飛び超えて、それを正す医学「超次元・超時空間松果体覚醒医学 ∞ IGAKU」を、医師として初めて世界に発信しようとしています。

　この本では、私という存在がなくとも、地球の皆さん一人ひとりが、自らの力で自身の人生と身体を自由にコントロールできるようになる秘密と秘儀を、紹介させていただきました。

この本に書かれたすべての知識・情報は、今の常識・固定概念からは、大きく離れた内容です。この本の執筆時のわずかな期間のさなかにも、新しいひらめきや気づきが訪れ、加筆修正が必要でした。

いつの時代においても、新しい考えは、受け取る側の受け取り方によって、時に真実に、時に虚偽となってきました。

私たちはたった今、この地球で冒険を楽しむことを選んで、共に生きている魂です。この一冊の本を通じて、互いの〝シャボン玉自分宇宙〟が接近し、触れ合う瞬間が生み出されたのです。

このあとの選択は、皆さんそれぞれの自由です。松果体を活性化し、この先の冒険の扉を開くことを選択するのも選択しないのも、一人ひとりの自由です。

＊＊＊

成功哲学の本や自己啓発本で、〝○○をすれば、○○になれる！〟ということが書かれていますが、読者側からすると、「こうなりたい」「こうではない」「こうなるべき」と思って読んでいるはずです。

しかし、それでは「そうなれない」場合が多いのです。今の地球人はそれらの本を読んでも、このアプローチからでは「そうなれない」という結果になってしまうのがオチです。

人は、こうでないといけないとか、これは良いこと悪いことなど、すぐにその**定義**から入ってしまいがちです。これでは、自分が定義に当てはまっていなければ、本を読んでいてもツラくなってしまいます。

ダメでも、できなくても、それでいいのです。うまくいかないという内容をシナリオに書き加え、書き換えて、それを生きればいいのです。

これからの時代のテーマは「解放」と「再誕」です。

新時代を迎えると、「こうでないといけない」「こうならなければならない」から解放されて、もう一度生まれる再誕が必要になってきます。神様のレベルでも、私たち地球人のレベルでも、そのような方向に向かうでしょう。

とにかく解放することが大事で、「こうでなければ」と思ってきたことを手放す時代が来ているのです。


良い悪いという考え方をするのは、地球人の癖です。また、多くの人は人と比べるクセができているので、人の目が怖く、自分に自信がない人はその分、余計に不安になります。そうなると、本当の自分のあるべき姿が、どんどんわからない状況になっていきます。

「これをしたらどう思われるだろうか？」

「どういう風に自分が評価されるだろうか？」

そのように考えているうちは、その枠からは出られません。抑圧され、さらに封印された結果、今の地球社会はこのような姿になっているのです。
「こうでなければ」といった思いを手放して、目の前にあることをありのままに受け入れてくださいそのうち「なんか面白いな」「なんか嬉しいな」と思えるようになってくると、人生はもっと楽で愉しいものになっていくでしょう。

これからは、今の地球社会の考え方・生き方から解放されて、再誕していくのです。

＊＊＊

人間として生きていれば、人生と身体のいろいろな時点でトラブルが生じます。そして、それらを解決したくて、もがきます。もがきながら、試行錯誤しながら、さまざまな気づきや学びを得ることが重要なのです。

とはいえ、できることなら苦しいことはイヤですし、時間が長くかかるのもイヤ。短い時間で、苦しい部分もできるだけ軽減できないものかと、楽をしたい気持ちが生まれるものです。

そこで、こんなふうに考えてみてください。

真っ暗な迷路の中で、道もわからず、光もない中では、迷路からの脱出は困難を極めます。悲観的な思いや絶望的な気持ちを味わい、途中で挫折してしまう可能性が高くなります。

しかし、そこにガイドブックがあったり、わずかでも光が見えたりしたらどうでしょう？　全く同じ迷路でも、それをクリアできる可能性が見えた途端に、やる気や勇気が生まれ、心は一気に軽くなるはずです。もがく必要がなくなるのです。

皆さんには、「魂の目的や、人生や身体の意味」を少しでも理解し、それらを自分のエンターテイメントとしてとらえることで、地球の迷路から脱出してほしいと思います。

本書が、まさに皆さんの人生と身体の攻略ガイドブックとなれることを願っております。

∞ishi ドクタードルフィン

松久 正

著者プロフィール

松久 正（まつひさ・ただし）

∞ ishi　ドクタードルフィン

鎌倉ドクタードルフィン診療所院長

慶應義塾大学医学部卒、パーマーカイロプラクティック大学（米国アイオワ州）卒

日本整形外科学会認定整形外科専門医、日本医師会認定健康スポーツ医、米国公認ドクター・オブ・カイロプラクティック

現代医学（整形外科）にて10年、米国の自然医学にて10年、帰国後、鎌倉にて独自に10年診療する。

その過程で、それまでの既存医療と目に見えない領域（量子学、エネルギー医学、スピリチュアル）を融合した『超次元・超時空間松果体覚醒医学∞ IGAKU』を創造する。

今までの地球社会に存在しない、新地球人になるための新しい知識と情報を、セミナー、ツアー、スクール（学園、塾）、ラジオ、ブログ、メルマガ、動画、著書で発信している。

多くの著書のうち、『「首の後ろを押す」と病気が治る』は健康本ベストセラーとなり、『「首の後ろを押す」と病気が勝手に治りだす』（ともにマキノ出版）はその最新版として出版。

他に、『Dr. ドルフィンの地球人革命』『松果体革命パワーブック』（ともにナチュラルスピリット）、『ワクワクからぷあぷあへ』（ライトワーカー）、『水晶（珪素）化する地球人の秘密』『ドクター・ドルフィンのシリウス超医学』（ともにヒカルランド）、『あなたの宇宙人バイブレーションが覚醒します』（徳間書店）などがある。

ドクタードルフィン公式サイト
http://drdolphin.jp/

松果体革命

松果体を覚醒させ超人類になる！

●

2018年6月18日　初版発行
2022年5月12日　第9刷発行

著者／松久 正
「革命前夜」執筆・イラスト／杉山明久実

装幀／山添創平
編集／澤田美希
DTP／山中 央

発行者／今井博揮
発行所／株式会社 ナチュラルスピリット
〒101-0051 東京都千代田区神田神保町3-2 高橋ビル2階
TEL 03-6450-5938　FAX 03-6450-5978
info@naturalspirit.co.jp
https://www.naturalspirit.co.jp/

印刷所／創栄図書印刷株式会社

ISBN978-4-86451-357-9 C0011